Eduard von Martens

Die Binnenmollusken Venezuela's

Eduard von Martens

Die Binnenmollusken Venezuela's

ISBN/EAN: 9783743336872

Hergestellt in Europa, USA, Kanada, Australien, Japan

Cover: Foto ©ninafisch / pixelio.de

Manufactured and distributed by brebook publishing software (www.brebook.com)

Eduard von Martens

Die Binnenmollusken Venezuela's

Division of Mollusks
Sectional Library

Die Binnenmollusken Venezuela's.

Dr. E. v. Martens.

Mit zwei Tafeln in Steindruck.

Die Binnenmollusken Venezuela's sind bedeutend später als diejenigen der grössern Antillen und auch später als die ersten von Surinam und Cayenne wissenschaftlich bekannt geworden, ungefähr gleichzeitig mit denen der westlichen Schwesterrepublik Neu-Granada; es sind neben englischen und belgischen auch mehrere deutsche Forscher, denen wir die Kenntniss derselben verdanken und von denen namentlich das zoologische Museum in Berlin mehr oder weniger reiche Sendungen erhalten hat. Wir nennen unter denselben die folgenden:

Moritz, Karl, seit ungefähr 1843 in Caracas, schickte von da neben Pflanzen und Insekten 1845 eine Reihe von Binnenconchylien an das Berliner Museum, † 1866 in Tovar, 70 Jahre alt.

Sallé, Aug., französischer Sammler, reiste 1846—48 in Centralamerika und auch im nördlichen Theil Südamerika's.

Appun, Carl Ferd., reiste 1848 in Gesellschaft mit Leop. Martin nach Venezuela, um zoologische Sammlungen, namentlich auch von Insekten und niedern Thieren zu machen, wovon er 1851 eine Sammlung nach Berlin sandte, und verweilte daselbst bis 1859; über seine Reisen daselbst hat er kurz vor seinem neulich erfolgten raschen Tode eine anziehende Schilderung unter dem Titel „Unter den Tropen", I. Band. Venezuela. Jena bei Costenoble 1871. sowie auch verschiedene Aufsätze im „Ausland" 1868, 69 und 72 veröffentlicht. Zu seinen Entdeckungen daselbst gehört unter andern der eigenthümliche Beutelfrosch, Notodelphys ovigera Weinland (Opisthodelphys Günther). Ueber das Vorkommen der Landschnecken überhaupt sagt Appun a. a. O. S. 141: „es ist auffallend, dass in Südamerika die Landschnecken „nicht in grosser Anzahl von Individuen anzutreffen sind, sie finden sich hier nur vereinzelt, „höchstens paarweise, nie jedoch in solcher Menge wie in Europa besonders nach grossem „Regen vor; nur der Bulimus haemastomus (oblongus), undatus (Orthalicus Ferussaci) und „distortus sind häufiger an den Blättern der Musa zu finden, und um nur einige wenige Exem„plare der andern Arten zu erhalten, sind eine sehr genaue Kenntniss ihres Aufenthaltes und „eine gute Portion Geduld nöthig".

Gollmer, Julius, Apotheker in Caracas, sammelte in den Jahren 1854—1857 mit vielem Eifer Thiere und Pflanzen, und schickte mehrere grössere Sendungen davon dem zoologischen Museum in Berlin ein. In einem seiner Briefe, vom 7. Okt. 1855, schrieb er: „Die Provinz Caracas ist, wenigstens soweit ich sie kenne, arm an Mollusken, doch habe ich schon circa 50 Arten beobachtet." Gestorben 1861.

Lansberg, Carl von, Consul in Caracas, sandte 1856 eine kleine Sammlung von Land- und Meer-Conchylien an dasselbe Museum.

Starke, Hermann, schickte um dieselbe Zeit einige Land-Conchylien aus Venezuela.

Engel, Franz, in Neubrandenburg; durch Prof. Karsten erhielt das Berliner Museum 1859 mehrere von demselben in Venezuela gesammelte Land- und Süsswasserschnecken, über welche ich in Pfeiffers Malakozoologischen Blättern Band VI 1860 S. 59. 66 Einiges veröffentlichte.

Von andern Reisenden und Sammlern, die zwar nicht unserm Museum direkte Zusendungen machten, von deren Ausbeute aber doch durch Tausch oder Kauf Einzelnes in den hiesigen Sammlungen sich vorfindet und mir bei dieser Arbeit vorlag, nenne ich noch

Otto, Ed., früher Garteninspector in Hamburg, reiste 1839 mit L. Pfeiffer in Cuba und später in Venezuela, wo er hauptsächlich Pflanzen, aber auch, wohl durch Pfeiffer angeregt, einige Conchylien sammelte.

Linden, J., aus Luxemburg, reiste in den vierziger Jahren für gärtnerische Zwecke in Venezuela, jetzt Besitzer eines grossen Garteninstitutes in Brüssel und Gent.

Tams, Georg, Dr. med., reiste (zwischen 1843 und 1847) in Venezuela und gab die daselbst gesammelten Conchylien an Prof. M. Dunker in Marburg.

Funck, von demselben in der Provinz Cumana gesammelte Landschnecken beschrieb Nyst im Bulletin de l'Académie de Bruxelles 1842 und Pfeiffer in seinen Monographieen.

Swift, Rob., einige von ihm bei Caracas gesammelte Arten von Pfeiffer und Bland erwähnt.

Die nächste Veranlassung zu der gegenwärtigen Arbeit gab

Ernst, Adolf, Vorstand der naturwissenschaftlichen Gesellschaft in Caracas, welcher dem Berliner zoologischen Museum im October 1871 eine Sammlung von 38 Arten von Land- und Süsswasser-Conchylien in zahlreichen Exemplaren zugesandt hat, deren Bestimmung und Durcharbeitung die folgende Zusammenstellung der Venezuelanischen Land- und Süsswasser-Mollusken zur Folge hatte.

Möge dieselbe eine Anregung zu weiterem Sammeln in diesem Gebiete sein; denn ich bin weit entfernt zu glauben, dass die Molluskenfauna dieses Landes damit auch nur annähernd dargelegt sei; doch glaubte ich mich dadurch nicht abhalten lassen zu sollen, wenigstens die Ergebnisse dessen, was die eben genannten Männer in diesem Fache geleistet, zusammenzustellen, und statt die wenigen neuen Arten einzeln zu beschreiben, auch noch auf die schon länger bekannten zurückzukommen und darzulegen, was die einzelnen Sendungen über ihre gegenseitigen Unterschiede, Abänderungen und näheren Fundorte ergeben. Wir gewinnen ja doch erst dadurch eine vollständigere Kenntniss und — ich möchte sagen — beruhigteres Zutrauen zu einer Art, wenn wir dieselbe von verschiedenen einzelnen Fundorten und in zahlreicheren Exemplaren kennen.

Während es einerseits unnöthig erschien, die schon in den bekanntesten conchyliologischen Spezialwerken beschriebenen und abgebildeten Arten nochmals ausführlich zu beschreiben, und ich bei den kritischen Bemerkungen mich auf das in jenen Werken Enthaltene beziehen konnte, wollte ich doch auch andererseits demjenigen, der dieselben nicht oder nicht immer zur Hand hat, das Erkennen der einzelnen Arten annähernd möglich machen und hielt es daher nicht für unnöthig einige der hauptsächlichsten Unterschiede der Arten Einer Gattung tabellarisch neben einander zu stellen und bei den Gattungsnamen selbst einige Worte beizusetzen, die aber keineswegs eine erschöpfende systematische Definition darstellen, sondern nur als Fingerzeige für den Suchenden und Lernenden dienen sollen.

A. Landschnecken.

I. Operculata.

Landschnecken mit den Augen an der Basis der Fühler und mit Deckel.

a) Cyclostomidae.

Mit spiral gewundenem Deckel und 7 Längsreihen von Zähnen. Mündung der Schale rund.

Cyclotus.

Deckel dick, kalkig mit zahlreichen Windungen; Schale niedergedrückt.

Cyclotus	Skulptur	Färbung	Höhe zur Breite	Höhe in Millimetern	Breite
Popayanus	senkrecht gestreift	grüngelb, mit dunklern Bändern	2 : 3	16	23
stramineus	schief gefurcht	grünlichgelb, einfarbig	7 : 8	17	21
translucidus	senkrecht gestreift	braungelb, einfarbig	1 : 7	12	21

Cyclotus Popayanus Lea observ. Naj. II p. 94 tab. 23 fig. 76 (als Cyclostoma); Pfeiffer mon. pneum. p. 22; Chemn. ed. nov. 7, 7—10; Reeve conch. ic. XIV f. 24; Mal. Bl. VI p. 59. — Cyclostoma inconspicuum Sow. thes. I 24, 73, 74.

Puerto Cabello durch Appun und Caracas durch Moritz, Lansberg und Ernst, an beiden Orten, wie es scheint, häufig; ersterer nennt namentlich den Urwald des Gebirges Cumbre zwischen Puerto Cabello und Valencia, bis 5000' hoch, als Fundort. „unter den Tropen" I 1871 S. 227 und 551 unter dem Namen Cyclostoma inca.

Das grösste Ernst'sche Exemplar hat 28 Mill. im Durchmesser; die meisten sind bedeutend kleiner; die Grundfarbe wechselt zwischen Grün und Braun; bei den grünen Exemplaren tritt die helle peripherische Binde weniger hervor als bei den braunen, dagegen treten zuweilen an der Unterseite noch besondere dunkelgrüne Bänder auf und ist das Innere der Mündung oft entschieden blau. Es scheint als ob die grünen Exemplare entweder an feuchteren Stellen leben oder das Braun selbst die erste Stufe des Verwitterns, das Grün die eigentlich normale Farbe sei.

Die Art hat ihren Namen von Popayan[1]) in Neu-Granada und soll auch am Chimborazo vorkommen. Nächstverwandt, in Habitus, Färbung und Skulptur übereinstimmend, nur flacher und daher mit offenerem Nabel ist C. Quitensis Pfr. von Quito, inca Orb. aus Bolivia und Blanchetianus Moricand von Bahia; Pfeiffer hält die beiden letzteren für durchaus synonym; nach den Exemplaren unseres Museums aber sind die Exemplare aus Bahia, sowohl von Moricand selbst als von Kähne erhalten, noch flacher und noch weiter genabelt, als inca von Sowerby und Reeve dargestellt wird, so dass ich in der angegebenen Reihe eine Stufenleiter finde; Exemplare, angeblich von La Guayra, stimmen mit solchen von Bahia überein. Auch die Exemplare des Popayanus von Puerto Cabello sowohl als von Caracas wech-

---

[1]) Popayan, wo diese Art zuerst und zwar von Hrn. Gibbon gefunden wurde, liegt zwar im südwestlichen Theil Neu-Granada's viel näher der Südsee als dem westindischen Meer, aber doch im Stromgebiet des letzteren, an den Quellen des Cauca-flusses zwischen der westlichen und mittleren Cordillere Neu-Granada's.

sehn etwas in Höhe und Nabelbreite, so dass je mehr Exemplare man vergleicht, desto mehr Zweifel gegen die scharfe Trennung dieser Arten sich erheben.

Cyclotus stramineus Reeve Proc. Zool. Soc. 1843; Sow. thes. f. 29, 211, 212; Pfr. mon. pneum. I p. 20; Chemn. ed. nov. 35, 7. 9; Reeve f. 25.

Chino bei S. Felipe unweit Puerto Cabello, Appun a. a. O. S. 548, La Guayra, Tams bei Pfeiffer. Erster Fundort Merida „in Neu-Granada"[1]), Reeve. Durch die schiefen Queerrunzeln sehr ausgezeichnet. Farbe braungelb, gleichmässig. L. Pfeiffer hat auch einen C. glaucostomus aus Venezuela mit ähnlicher Skulptur aber nur an der Oberseite, mon. pneum. suppl. p. 20. Ebenso fehlt unsrer Sammlung noch Cyclophorus psilomitus Pfr. p. 96, Chemn. ed. nov. 41, 24, 25. Reeve XIII f. 84 aus Venezuela mit erhabenen Spirallinien, in Farbe und Grösse an obigen stramineus erinnernd, aber nach Pfeiffer's Vermuthung mit dünnem hornigem Deckel.

Cyclotus translucidus Sow. thes. II 23, 4; Chemn. ed. nov. 1, 8—10; Pfr. pneum. p. 20; Reeve f. 31; Lechmere-Guppy in Ann. Mag. nat. h. (3) XVII 1866 p. 45 (das lebende Thier beschrieben).

La Guayra in der Albers'schen Sammlung, von Gruner erhalten. Maracaibo, Engel. Sowerby gibt gar keinen Fundort. Pfeiffer und Reeve ganz allgemein Columbia an.

Chondropoma.

Deckel dünn, mit wenig Windungen; Schale länglich.

	Naht	Mundrand	Deckel	Länge	Breite
				in Millimetern	
Cistula Tamsiana	fein gezähnelt	gerundet, etwas abgelöst	mit dünner Kalkschichte nach aussen	16	7
Chondropoma plicatulum	einfach	anliegend	ganz hornig, ohne Kalkschichte	20	9½
— ? *Venezuelense*	etwas gezähnelt	oben eckig verlängert, kaum abgelöst	?	17½	7

a) Deckel mit dünner Kalkschicht aussen. Cistula Pfr.

Cistula Tamsiana Pfr. mon. pneum. p. 263; Chemn. ed. nov. 37, 19. 20; Reeve XIV Chondropoma f. 75.

Caracas, Ernst. Puerto Cabello, Tams bei Pfeiffer.

b) Deckel durchsichtig, hornig. Chondropoma Pfr.

Chondropoma plicatulum Pfr. Zeitschr. f. Mal. 1846 p. 48 (ohne Fundort); mon. pneum. p. 279; Chemn. ed. nov. 28, 12. 13; Reeve XIV f. 20. (Taf. I, Fig. 3) Puerto Cabello, Appun.

Chondropoma? Venezuelense Pfr. mon. pneum. suppl. p. 136; Reeve XIV f. 75. Venezuela.

Diese drei Arten sind auf den ersten Anblick unter sich sehr ähnlich, konisch gethürmt, mit zahlreichen, der Mündung parallelen, feinen Rippen, blass röthlichbraun, mit dunkelroth-

---

[1]) Bekannt ist ein Merida nahe den Gränzen von Neu-Granada, aber noch in Venezuela, südlich vom See von Maracaibo; vielleicht ist dieses gemeint, vielleicht gibt es aber auch noch einen andern Ort desselben Namens in Neu-Granada selbst. Pfeiffer mon. helic. II p. 103 erwähnt ein Merida in den Anden von Bolivia, welches demnach weit entlegen wäre, mindestens um 21 Breitegrade, für Bulimus Meridanus.

braunen Bändern oder Fleckenreihen, die Mündung etwas abgelöst, der Mundsaum leicht nach aussen gebogen. Auch die Grösse ist nahezu gleich. Länge 16—20, Mündung 5—7 Mill. Bei Cistula Tamsiana sind die Rippenstreifen etwas mehr von einander abstehend und einige derselben gehen an der Naht in ein weisses Zähnchen aus, so dass die Naht unregelmässig gezähnelt erscheint; der letzte Umgang löst sich unmittelbar vor der Mündung etwas ab; der Mundsaum ist bei den Ernst'schen Exemplaren schwach auswärts gebogen. Bei Chondropoma plicatulum Pfr. endigen alle Rippenstreifen oben in gleicher Weise, ohne weisses Zähnchen, die Farbe ist oft dunkler, mit mehr oder weniger breiten, kastanienbraunen Striemen, die letzte Windung bleibt bis zur Mündung anliegend, der Mundsaum ist auch etwas ausgebogen. Der Deckel ist bei beiden wesentlich gleich gebildet, mit gleich wenig excentrischem Kern, nur bei Cistula Tamsiana noch mit einer dünnen gelblichweissen Kalkschicht belegt, übrigens doch dünn und biegsam, bei Chondropoma plicatulum etwas dicker und gleichmässig hornig, durchscheinend, daher sie in zwei verschiedene Gattungen gestellt werden. Ch. Venezuelense kenne ich nicht aus eigener Anschauung, nach Pfeiffer's Beschreibung ist die Schale ähnlicher der C. Tamsiana, als dem Ch. plicatulum; den Deckel kannte auch er nicht.

b) Helicinidae.

Mit zahlreichen Seitenzähnen an der Zunge (Rhipidoglossa). Mündung halbrund.

Helicina.

Deckel halbeiförmig, nicht gewunden; Schale kugelig oder flach, nicht stark glänzend, mit einer Schwiele statt des Nabels und ohne Lamellen in der Mündung.

Helicina	Skulptur	Kiel	Färbung	Mundsaum	Breite	Höhe
					in Millim.	
concentrica	spiral gestreift	scharf	bunt	ausgebogen, dick	10—18	7—10
lirata	spiral gestreift	vorhanden	weisslich	kurz ausgebogen mit 1 Höcker	4	3
Kiineri	fein gegittert	—	braun marmorirt	kaum ausgebogen	16	11½
Tamsiana	fein spiral gestreift	kaum vorhanden	röthlich	ausgebogen	9	6
Columbiana	fein spiral gestreift	stumpf	bunt	ausgebogen	11—14½	11
Candeana	runzlig	scharf	gelblich	kaum ausgebogen	15	8
gonochila	fast glatt	ziemlich scharf	rothgelb	ausgebogen, dick	10	5½
crassilabris	glatt	vorhanden	weisslich	gerade, dick	7	4

Helicina concentrica Pfr. mon. pneum. p. 400; Chemn. ed. nov. 7, 28, 29.

Caracas, Moritz, mit Pfeiffer's Beschreibung übereinstimmend, ausser dass sie einfarbig gelb ist. Im Vergleich zur folgenden sind die Windungen mehr gewölbt, der Kiel stumpfer, die Spiralskulptur stärker, die Grösse viel geringer, 10 Mill. im grossen Durchmesser.
Merida, Ejida, Juli, von Engel gesammelt.

Helicina concentrica var. Ernesti n. — H. concentr. var d. Pfr. mon. pneum. p. 400. (Taf. 1. Fig. 1.)

Testa depresse conica, acute carinata, leviter striatula, obsolete spiratim impresso-lineata, lutea vel rubello-lutea, infra pellucide fasciolata; spira conoidea, apice mamillari; anfr. 5, plamusculi, ultimus usque ad aperturam acute carinatus, paululum descendens, subtus modice convexus; columella subverticalis, brevissima, basi angulata, superne in callum parvum circumscriptum leviter punctulato-cicatricosum abiens; peristoma basale incrassatum, reflexum, superum simplex, sinuatum, leviter expansum, ad carinam subrostratum. Diam maj. 18—14, min. 14—11, alt. 10—8, apert. 6—7 Mill.

Caracas, Ernst; ebendaher, Sallé bei Pfeiffer.

Erinnert im Ansehen an die philippinischen acuta und acutissima, sowie an H. Moreletiana Pfr., deren Vaterland immer noch unbekannt scheint; von letzterer unterscheidet sie sich auf den ersten Blick neben geringerer Grösse durch die abgerundet vorstehende, zitzenförmige Spitze und den nicht verdickten Oberrand der Mündung; von erhabenen Spiralstreifen kann kaum noch die Rede sein, es lassen sich wohl an einzelnen Exemplaren drei bis vier Spiralstreifen auf der Oberseite erkennen, sie treten aber kaum über die Oberfläche hervor; auf der Unterseite treten dagegen durchscheinende Spiralbändchen auf. Die Farbe ist gewöhnlich blass schwefelgelb, an der Spitze intensiver, zu beiden Seiten des Kiels röthlich; die röthliche Farbe verbreitet sich aber zuweilen auf den grössten Theil der Schale. Todtgefundene Exemplare oft ganz weiss.

Pfeiffer führt noch andere Varietäten aus Neu-Granada und Mexico an.

Helicina lirata Pfr. Chemn. ed. nov. 4, 40—43; Pfr. pneum. p. 341.

Venezuela, von Engel und Starke im Berliner Museum; Pfeiffers Exemplare von Hegewisch in Yucatan gesammelt.

Helicina gonochila Pfr. mon. pneum. p. 389; Chemn. ed. nov. 7, 20, 21.

Caracas, Ernst, 1 Exemplar. Venezuela, ohne nähere Fundortsangabe, Pfr.

Steht in der Mitte zwischen concentrica und Columbiana, sie hat von der ersteren die mehr linsenförmige Gestalt, die zitzenförmige Spitze und den bis zum Mundsaum bleibenden, diesen etwas geschnäbelt erscheinen lassenden Kiel, endlich die Färbung, von der letztern die Verdickung des ganzen Mundsaums. Am vorliegenden Exemplar ist die Spiralsculptur überhaupt schwach und an der Unterseite nicht stärker. Grosser Durchmesser 10, Höhe 5½ Mill.

Helicina Columbiana Philippi Zeitschr. f. Mal. 1847; Pfr. mon. pneum. p. 389; Chemn. ed. nov. 2, 1—3.

Venezuela, Engel in Dohrn's Sammlung. Caracas, Ernst, vier Exemplare, merklich grösser als Philippi's und Pfeiffer's Exemplare von „Columbien" ohne nähere Angabe der Lokalität, die grösste 12½ Mill. im grossen Durchmesser und 10 Mill. hoch. Während bei den zwei vorhergehenden Arten die Oberseite und die Unterseite fast denselben Winkel mit einer durch den Kiel gelegten Ebene bilden, sie also linsenförmig zu nennen sind, erhebt sich bei dieser die Oberseite viel stärker, dadurch erscheint die Schnecke pyramidenförmig; die erhabenen Spirallinien sind auf der Oberseite deutlich sichtbar, schon 8 auf der vorletzten und gegen 12 auf der letzten, diejenigen zunächst über dem Kiel schmäler und dichter aneinander. Der Kiel wird unmittelbar vor dem Mundsaum undeutlich. Die Färbung ist bunt, grossentheils röthlich mit zerstreuten rundlichen Flecken, an diejenigen von Nanina rareguttata erinnernd; dicht unter der Naht meist ein breites gelblich-weisses Band, ebenso die scharf ausgesprochene Kante gelblich-weiss; die oberen Windungen und der Mundsaum mehr oder weniger lebhaft gelb. Innerhalb der Mündung dunkelbraun.

Helicina Columbiana var. *Appuni* n. H. Columbiana var. β Pfr. Chemn. ed. nov. 7, 7. (Taf. 1, Fig. 1.)

Puerto Cabello, Appun. Ein Exemplar, noch grösser, diam. maj. 14, alt. 11 Mill., blass grünlich gelb, Spitze, Nahtbinde, Peripherie, Unterseite und Mundsaum weiss, die Kante völlig abgerundet.

Helicina Kieneri Pfr. Proc. Zool. Soc. 1848; Chemn. ed. nov. 6, 17; Pfr. mon. pneum. I. p. 393.
Caracas. Salle.
Helicina Tamsiana Pfr. Zeitschr. f. Mal. 1850 S. 192; Chemn. ed. nov. 10, 9—11; mon. pneum. p. 365.
Venezuela, Dr. Tams.
Vielleicht mit H. pellucida Sow. aus Cayenne identisch.
Helicina Caudeana Orbigny Sowerby thes. 3, 97—99; Pfr. mon. pneum. suppl. p. 217.
Caracas. Klocke bei Pfeiffer. (Honduras nach Sowerby.)
Helicina crassilabris Philippi Zeitschr. f. Mal. 1847 S. 125; Pfr. Chemn. ed. nov. 2, 35, 36; mon. pneum. p. 349.
Venezuela. Linden in der Cuming'schen Sammlung.

Proserpina.

Ohne Deckel; Schale glänzend, flach, ungenabelt, mit Lamellen in der Mündung.
Proserpina Swifti Bland Ann. Lyc. nat. hist. of N.-York VIII 1865.
Puerto Cabello, Swift bei Bland.

II. STYLOMMATOPHORA.

Landschnecken mit den Augen an der Spitze der Fühler und ohne Deckel; zahlreiche gleichmässige Zähne in jeder Querreihe auf der Zunge.

Vaginulus.

Ohne Schale. Mantel die ganze Länge des Thieres einnehmend. Untere Fühler gespalten.

Von dieser Gattung erhielt das Berliner Museum ziemlich zahlreiche Exemplare, aus Caracas durch Gollmer und Ernst, aus Puerto Cabello durch Moritz, die grössten in Spiritus 42 Mill. lang und 13 Mill. breit, die Oberfläche des Mantels fein chagrinirt (bei denen von Puerto Cabello gröber, etwas maschig-runzlig), aschgrau, gleichfarbig oder mit einigen wenigen, nicht sehr ins Auge fallenden helleren oder dunkleren Stellen, Unterseite des Mantels blassgelb, meist mit einigen kleinen schwarzen Flecken, Fuss einfarbig blassgelb. Von Hrn. Gollmer liegen auch kleine Exemplare vor, nur 6 Mill. lang, an denen Kopf und Fühler auch in Spiritus nicht unter dem Mantel verborgen sind, und zwar von zweierlei Färbung, die einen oben grau, unten gelb wie die grossen und wahrscheinlich als Jugendzustand dazu gehörig, doch ohne schwarze Flecke an der Unterseite des Mantels, die andern auch oben blassgelb, mit wenig dunklerer marmorirter Zeichnung und einem mittlern Rückenstreifen der Grundfarbe, dieses könnte eine zweite Art sein. Wir wagen aber nicht, nur nach diesen Spiritusexemplaren die in Venezuela vorkommenden Arten mit andern schon beschriebenen zu identifiziren, worunter namentlich der brasilische V. Taunaysii und der westindische Vag. occidentalis Guilding in Betracht kommen würden.

Gollmer giebt von Exemplaren, die er am Calvarienberg bei Caracas 7. August 1857 gesammelt, folgende Beschreibung: „Der Mantel oben sehr fein warzig, graubräunlich, fein „schwarz gesprenkelt, doch so dass längs der Mitte ein heller Streifen bleibt. Fusssohle, Kopf „und Nacken weisslich. Fühler unter den Augenknöpfen zusammengeschnürt, gross, wie der „Mantel gefärbt, Augen schwarz. Die Fühler stehen in einer Flucht mit dem Rücken, aber „die beiden Lippentaster fungiren senkrecht; unter dem rechten der letzteren sieht man einen „sich auf- und abbewegenden Höcker."

F. Appun a. a. O. S. 551 führt unter den im Urwald der Cumbre unweit Puerto Cabello gefundenen Landschnecken auch die Gattung *Arion* auf, aber sonderbarer Weise keine Vaginulus. J. Gollmer erwähnt in seinen handschriftlichen Notizen, die das zoologische Museum in Berlin besitzt, zweier *Limax*-arten aus der Umgegend von Caracas, die kleinere sei unserer kleinen graubraunen Kohlschnecke (Limax agrestis L.) ganz ähnlich, sehr gemein und in Gärten nachtheilig. Die grössere oben körnig, grauschwarz, die Fusssohle gelbbräunlich; in nassem faulem Holz, im April 1854 gefunden. Ueber der Spitze des Schwanzes befindet sich eine Drüse, welche zur Absonderung von Schleim dient, den das Thier wie eine Spinne zu einem 1—2' langen sehr dünnen, kaum sichtbaren Faden auszichen kann, um sich mittelst desselben von Pflanzenblättern, z. B. dem einer Calla, herabzulassen. Dieses wurde im April 1855 beobachtet. [Der erwähnten Drüse nach müsste man an die Gattung *Arion* denken, welche ja auch von Appun angeführt wird, aber das Herablassen an einem Schleimfaden ist in Europa bis jetzt nur an ächten Limax, namentlich L. agrestis L. (L. filans Hoy 1790) beobachtet].

Glandina.

Sichelförmige Raubzähne, kein Kiefer. Schale länglich, gestreift, bräunlich, mit einer deutlichen Abstutzung unten an der Mündung.

Glandina plicatula Pfr. (Achatina) mon. III p. 517; Chemn. ed. nov. 26, 2.

Puerto Cabello, im Urwald der Cumbre und bei Chino, Appun I S. 548 und 551 (unter dem Namen Achatina lignaria). — Caracas, Lansberg im Berliner Museum.

Sie wird bis 71 Mill. lang, die Breite ist ⅖ der Länge, die Mündung fast die Hälfte der Länge; die Farbe lebhaft rothbraun, mit nur sehr spärlichen schmalen nach hinten hellern nach vorn dunklern Striemen als Wachsthumsabsätzen, die Oberfläche glänzend fast leimartig (gegen Pfeiffers Angabe), die Skulptur besteht aus dicht gedrängten feinen Faltenstreifen und noch viel feineren, dichter stehenden Spirallinien, wodurch die Faltenstreifen stellenweise in feine Körner zerschnitten werden; die Naht ist fein gekerbt und von einer vertieften Linie begleitet, die Columella stark gebogen und queer abgestutzt; das Innere der Mündung rosenröthlich. Auch in der Albers'schen Sammlung ist diese Art als lignaria Reeve aus Venezuela bezeichnet, doch ist sie gut verschieden von der mexikanischen lignaria, Fischer und Crosse moll. mex. 3, 1.

An dem Exemplar von Puerto Cabello treten durch Verwitterung und Verlust der Cuticula weisse Spiralbändchen auf. Bei dem Exemplar aus Caracas treten die Faltenstreifen mehr hervor und es hat durch Verwitterung Farbe und Glanz verloren; mit ihm scheint mir die oben citirte Ach. plicatula ganz übereinzustimmen, welche Pfeiffer erst aus den Anden von Neu-Granada, später auch von Venezuela (VI p. 282) angegeben hat.

Glandina subcuricosa Albers in Pfeiffer Novitat. conch. I. 9, 6. 7; Pfr. mon. IV p. 631.

Venezuela, von Ed. Müller erhalten.

Die Faltenstreifen stärker als bei den vorhergehenden, die Spirallinien schwächer, kaum erkennbar, keine vertiefte Linie unterhalb der Naht, die Farbe heller, blass isabellgelb, mit zahlreichen breiteren nach hinten weissen, nach vorn hellbraunen Wachsthumsabsätzen. Ansehen seidenglänzend; Columella noch stärker gebogen; Innenseite der Mündung wie die Aussenseite gefärbt.

Streptaxis.

Schale einseitig schief, kugelig oder niedrig kegelförmig, blass, einfarbig, an den Nähten rippenstreifig. Raubzähne, kein Kiefer. Weichtheile lebhaft gelblich oder roth gefärbt. (Ueber die Zunge vgl. Heynemann Mal. Bl. 1868 S. 101.)

Streptaxis	Schalenform	Nabel	Mündungsfalte	Breite Höhe in Millim.
conoideus	flach konisch	rund	0	12 8
saturalis	hoch konisch, wenig verschoben	ritzförmig	0	29 26
Funcki	schief niedergedrückt	fast oder ganz geschlossen	0	29 18
Candeanus	stark verschoben	rund	0	7½ 5
deformis	verschoben kugelig	rund	1	5½ 5

In der Jugend sind die Streptaxis regelmässig gewunden und haben so das Aussehen einer Helix, doch lässt die weissliche Farbe, die eigenthümliche Rippenstreifung und der steil einfallende Nabel die Gattung vermuthen.

Streptaxis saturalis Martens Mal. Blätt. VI 1859 S. 19; Pfr. mon. V p. 439. (Taf. 2, Fig. 3.)
Diese Art wurde von F. Engel als von Neu-Granada bezeichnet; ich führe sie hier mit auf, da sie wahrscheinlich nicht weit von Merida gefunden wurde und dieselbe bis jetzt noch nicht abgebildet worden ist.

Konisch, wenig verschoben, 28 Mill. hoch und 27 breit, die Windungen zunächst der Naht flach und dann steiler abfallend, so dass, namentlich auf der vierten und fünften, dadurch eine stumpfe Kante entsteht, oberhalb derer die Rippenstreifen eine etwas andere Richtung haben. Auf der letzten Windung verschwinden die Rippenstreifen bald unterhalb der Naht. Mündung zahnlos, Mundsaum umgeschlagen.

Streptaxis Funcki Pfr. Boc. Zool. Soc. 1847; Chemn. ed. nov. Helix 104, 40,41; mon. I p. 436.
Merida, Funck. Venezuela, in Schluchten, Engel.

Mehr gedrückt und verschoben, nur 16 Mill. hoch und 27, 29 breit, die obern Windungen von der Naht an gleichmässig flach, wenig abfallend; Skulptur sonst wie bei der vorigen, Mündung gedrückter, Columellarrand den Nabel fast oder ganz schliessend; Unterseite glänzend gelb.

Streptaxis deformis Fer. hist. nat. pl. 32 a. fig. 1; Pfr. mon. IV p. 232; Lechmere-Guppy in Ann. and Mag. nat. hist. 1866 p. 53 (Beschreibung der Zungezähne). — Str. glaber Pfr. 1849, mon. III p. 287; Chemn. ed. nov. IV p. 115.
Caracas, Moritz in der Albers'schen Sammlung. Puerto Cabello, Tams bei Pfr. IV (glaber); Venezuela, Cuming und Bland. Insel Trinidad, Bland. Demerara in Britisch Guyana, Cuming (glaber); Surinam, Achtnich bei Pfeiffer.

So stark verschoben, dass die vorletzte Windung einerseits über die letzte hervorragt, klein (7 Mill. hoch, 4 breit), glänzend, mit sehr schwacher Streifung; Nabel rund; eine schwache Falte auf der Mündungswand.

Streptaxis Candeanus Petit. Helix Candeana Petit Revue zool. 1842 — Helix comboides var. edentula Moricand Mem. soc. phys. de Génève XI 1846 (cop. Bahia V) p. 15 l.
— Str. deformis (non Fer.) Pfr. in Philippi icon. II Helix 8. 2; mon. I p. 7; Chemn. ed. nov. 103, 22 -25. — Str. Candeanus (Petit) Pfr. IV p. 331.
Caracas, Ernst. Neu-Granada, Petit. Baranquilla in Neu-Granada, Bland. Bahia, Moricand (nach Exemplaren der Albers'schen Sammlung).

Noch stärker verschoben als die vorige Art und ohne Parietalfalte. Die von Hrn. Ernst erhaltenen Exemplare haben einen grossen Durchmesser von 8 Mill., wovon 7 auf die letzte, 1 auf die vorletzte Windung kommen, und eine Höhe von 5 Mill. (von der Spitze bis zu einer den untern Mundsaum berührenden, auf die Achse der oberen Windungen rechtwinkligen Ebene gemessen), sie sind also etwas grösser, als Pfeiffer's Exemplare und ebenso als die den letztern entsprechenden in der Albers'schen Sammlung, und man könnte vermuthen hier Pfeiffer's deformis var. edentula, mon. V p. 333, vor sich zu haben. Aber der Grad der Verschiebung des letzten Umgangs ist ganz wie bei den kleineren Exemplaren von Candeanus und nicht wie bei der vorigen, durch die Abbildungen von Ferussac und Pfeiffer gut bezeichneten Art; der Umriss der letzten Windung erscheint von unten gesehen bei deformis gleichmässig gerundet, bei Candeanus im ersten Drittel mehr gestreckt, nicht so gerundet, wie in den folgenden zwei Dritteln; die vorletzte Windung erscheint in der Seitenansicht bei Candeanus abgeflacht und mit dem Aussenrand der Mündung und der drittletzten Windung fast in Einer Linie, die ungefähr einen halben rechten Winkel mit der Achse der obern Windungen bildet; bei deformis zeigt sich die vorletzte Windung in derselben Ansicht weit mehr gewölbt und weit steiler ansteigend, wie überhaupt alle Windungen bis zur obersten mehr gewölbt und daher durch tiefere Nähte getrennt sind und so in der Seitenansicht als Stufen erscheinen, bei Candeanus als Eine schiefe Fläche. Vier Exemplare des Candeanus von Ernst und drei des deformis von Moritz, alle aus Caracas, dem Berliner Museum zugesandt, erweisen sich hierin scharf, ohne Uebergänge, voneinander getrennt. Str. albidus Pfr., Chemn. ed. nov. 103, 4—7. unbekannten Fundortes, ist dagegen noch ärger verschoben als Candeanus.

Streptaxis conoideus Pfr. mon. IV p. 380. (Taf. 2. Fig. 2.)

Testa depresse conica, anguste umbilicata, arcuatim costulata, cerea, concolor; anfr. 6, convexiusculi, sutura mediocri divisi, supremi 2¼ laeves, ultimus non devians, obtuse subangulatus, facie inferna nitida, costulis multo debilioribus; apertura lunata, marginibus distantibus; peristoma incrassatum, brevissime reflexum, ad peripheriam retrorsum sinuatum, margine supero et infero arcuatim productis, columellari breviter subperpendiculari, dilatato. Diam. maj. 11—12, min. 10—11, alt. 8—8½, apert. lat. 7½ ampl. 3 Mill. (Unter Breite der Mündung verstehe ich hier die Entfernung der Einfügungen beider Mundränder, unter Weite, amplitudo, die Entfernung der Mitte der Mündungswand vom Aussenrand.)

Caracas, Ernst.

Unter allen mir bekannten Arten nur der Helix hylephila Orb. voy. Am. mer. 28, 13 bis 16 von Bolivia eigentlich ähnlich, aber grösser, enger genabelt und höher gewunden. Die andern Streptaxis-arten ohne Abweichung des letzten Umgangs sind noch flacher, nur Str. alveus viel höher. Von den vorliegenden Exemplaren, 8 an der Zahl, zeigen mehrere bereits den Rest eines früheren Mundsaums, ¼ oder ⅓ des Umfanges hinter der gegenwärtigen, so dass es wohl möglich ist, dass auch dieser noch nicht der definitiv bleibende sein soll (vgl. Mal. Blätt. 1868 S. 181. 182). Pfeiffer gibt seine Art grösser an, 18 Mill., und Malakka als Fundort. Die erste Differenz erledigt sich durch die eben angegebenen Umstand und was die zweite betrifft, so habe ich mir früher bei Cuming die Notiz gemacht, dass seine Exemplare von Südamerika und nicht von Malakka stammen. Demnach könnte es scheinen, als ob alle regelmässigen Streptaxis Südamerika angehörten, aber ich möchte doch auch in Helix Delessertiana von der Torresstrasse einen Streptaxis vermuthen.

Stenopus.

Kiefer glatt. Seitenzähne hakenförmig (Raubzähne). Eine Schleimdrüsenöffnung und darüber ein hornförmiger Fortsatz am hintern Fussende. Schale niedergedrückt, glänzend, mit einfachem Mundsaum.

Stenopus Guildingi Bland Ann. Lyc. nat. hist. New-York VIII 1865 p. 157—159 (mit Abbildung der Kauwerkzeuge und des Hörnchens am Fuss): Helix G. Pfr. mon. hel.V p. 107 (nur Beschreibung der Schale); Zonites G. Lechmere Guppy Proceedings of the scientific Associat. of Trinidad.

Schale mit punktförmiger Nabelöffnung, niedergedrückt, mit gerundeter Peripherie, stark glänzend, fein radial gestreift, gelb, an der Naht weisslich und etwas stärker gestreift. Windungen 4, rasch zunehmend. Mundöffnung fast vertikal. Grosser Durchmesser 8, kleiner 7, Höhe 4 Mill.

Puerto Cabello, Swift bei Bland. Ein Exemplar, aus Venezuela von Starke erhalten, im Berliner Museum.

Diese Art steht dem St. cruentatus Guild. weit näher als dessen St. lividus, dagegen erhielt das Berliner Museum ein anscheinend mit letzterm übereinstimmendes Exemplar aus Venezuela, von A. D. Brown. (Taf. 2. Fig. 1.)

Hyalina.

Raubzähne; Kiefer glatt. Schale flach, glatt, horngelb, genabelt, Mundsaum einfach.

Hyalina (Ammonoceras) caspira Pfr. Proc. Zool. Soc. 1854; mon. helic. IV p. 108; Reeve conch. ic. VII. Helix Fig. 1277.

Flach gedrückt, nicht besonders glänzend, strohgelb mit dunkleren Wachsthumsabsätzen, weit genabelt; Windungen 4½, rasch zunehmend. Grosser Durchmesser 28, kleiner 22½, Höhe 12 Mill.

Venezuela, Starke im Berliner Museum. Pfeiffer am erstangeführten Ort und Reeve geben Brasilien als Vaterland an, ohne nähere Lokalisirung, dagegen ersterer in der Monographie auch Venezuela.

Diese Art weicht durch den geringeren Glanz und den sehr weiten Nabel von den gewöhnlichen Hyalinen ab und erinnert mehr an einige Arten von Patula. Doch dürften einerseits H. Flora Pfr. von den Cordilleren, andererseits H. vitrina Wagn. von Brasilien ihre Stellung bei Hyalina festhalten.

A. D. Brown führt im Katalog seiner Sammlung, Princeton 1866 S. 7 bei Helix Binneyana Pfr. Venezuela als Vaterland an; dieses ist eine chilenische Patula, mit ausgeprägter Spiralsculptur, deren Vorkommen in Venezuela sehr unwahrscheinlich ist. Sollte er etwa eine unausgewachsene Solaropsis damit verwechselt haben?

Helix.

Zähne gleichförmig, quadratisch, Kiefer meist gerippt. Schale flach oder kugelig, regelmässig gewunden, meist lebhaft gefärbt und mit verdicktem Mundsaum.

Helix (Labyrinthus)	Zähne am obern	Zähne am untern Mündungsrand	Kiel	Hauptfarbe	Breite in Mill.	Höhe in Mill.
plicata	0	2 einfache	scharf	dunkelbraun bis schwarz	40—52	15
bifurcata	0	2 der äussere gegabelt	stumpf	braun, am Kiel heller	36—40	17
leucodon	1	2 einfache	stumpf	blassbraun	19—20	10
Tamsiana	0	2 einfache	scharf	blassbraun	15—17	9—10

Gruppe **Labyrinthus**. Schale dunkel, ziemlich flach, kantig, genabelt, mit Falten in der Mündung.

Helix (Labyrinthus) plicata Born. Seba thes. III 40, 24. 25. Knorr Vergnüg. d. Aug. V 26. 5. Born test. mus. Caes. Vindob. p. 368. Fer. prodr. n. 100, hist. nat. pl. 54 b. fig. 4. Deshayes in Guerin's Mag. Zool. 1838 pl. 100. Pfr. mon. I p. 398; Chemn. ed. nov. 104, 1—4. Reeve conchol. ic. VII fig. 553. — Helix labyrinthus (non Chemnitz) Lamarck Journ. d'hist. nat. II 1792 p. 357 pl. 42, fig. 4. — Carocolla Hydiana Lea observ. Union. II p. 98 pl. 23, fig. 73. — Labyrinthus otis (Solander) Beck ind. moll. p. 33.

Puerto Cabello, Gibbon bei Lea loc. cit. Umgegend von Puerto Cabello, namentlich im Urwald der Cumbre zwischen P. C. und Valencia, und in Bananenpflanzungen bei Chino unweit S. Felipe, Appun S. 141. 227, 548 und 551 (im Berliner Museum). Caracas, Lansberg ebenda. Neu-Granada, Payagena bei Deshayes und Ed. Müller in der Albers'schen Sammlung; früher fälschlich für ostindisch gehalten.

Dunkelrothbraun bis fast schwarz, gekielt, offen genabelt, Mundsaum fleischröthlich mit einer langen Leiste auf der Mündungswand und zwei konischen Zähnen am Unterrand, von denen der vordere zusammengedrückt und nicht zweigetheilt ist: diese Zähne verengen die Mündung bedeutend, doch ohne in ihrer Mitte beinahe zusammenzutreffen, wie es bei der ächten H. labyrinthus Chemn. und der zwischen beiden stehenden subplanata Petit von Neu-Granada der Fall ist. Im Innern der Mündung, hinter dem Oberrande, tritt noch eine schwache Falte auf, welche auch in Lea's Abbildung dargestellt ist. Die Appun'schen Exemplare haben 40 Mill. im grossen Durchmesser, etwas grösser ist dasjenige der Albers'schen Sammlung angeblich aus Neu-Granada, und noch grösser, 52 Mill., ein Exemplar unbekannten Fundortes des Berliner Museums, übereinstimmend mit Reeve's Abbildung.

Der Kiefer dieser Art ist nur schwach gestreift, fast glatt, nach Mörch in Crosse's Journ. Conch. 1865 p. 23.

Helix bifurcata Desh. in Guerin's Magas. zool. 1838 pl. 111, fig. 2; Chemn. ed. nov. 105, 1—4: Pfr. mon. I p. 379, IV p. 305; Reeve fig. 554. — H. plicata var. Fer. hist. nat. 54 b. I. Labyrinthus plicata Beck. p. 33.

Puerto Cabello, legit Karsten, Albers'sche Sammlung. Französich Guyana, Desh. (Anden von Neu-Granada, Pfeiffer; Moyobamba im östlichen Peru, Yates).

Durch gabelförmige Zweitheilung des vordern Zahns des Unterrandes und stumpfe, hellgefärbte Kante von der vorhergehenden verschieden. Grösse, Farbe des Mundsaums und Weite des Nabels variiren. Das Karsten'sche Exemplar hat die Grösse der dortigen plicata, 40 Mill. im grossen Durchmesser und stimmt mit derselben auch in der Weite des Nabels und der fleischröthlichen Farbe des Mundsaums zusammen; die erwähnte Falte im Innern der Mündung hinter dem Oberrande ist hier noch als kleiner Höcker erkennbar. Ein von Petit als aus Cayenne stammend erhaltenes Exemplar (Albers'sche Samml. 211) ist dagegen kleiner und verhältnissmässig höher, der Nabel enger, der Mundsaum rein weiss und die erwähnte Falte fehlt spurlos (was übrigens auch bei unserm grössten Exemplar der ächten plicata der Fall ist); es entspricht sehr gut der Ferussac'schen Abbildung. Ein durch Moricand erhaltenes, angeblich aus Moyobamba im östlichen Peru stammendes Exemplar hat 36 Mill. im grossen Durchmesser, die Kante ist kaum schwächer, die Erhebung des Gewindes kaum grösser und die Nabelweite kaum geringer als bei plicata, die Farbe des Mundsaums blassröthlich und würde dem angegebenen Fundorte nach Pfeiffer's Varietät β IV p. 305 entsprechen, die Zweitheilung des betreffenden Zahns ist aber ganz ebenso tief als bei andern Exemplaren; dieses Exemplar entspricht der Abbildung bei Reeve, wo aber gerade wieder Guyana als Vaterland erscheint. So kleine Exemplare wie var. γ und δ Pfr., Chemn. ed. nov. 105, 2—4 (21 Mill.) liegen mir nicht vor und Pfeiffer nennt auch keinen besondern Fundort für dieselbe.

Die angebliche weite Verbreitung dieser Art hat etwas Auffälliges, um nicht zu sagen Unwahrscheinliches. Drouet gibt für Cayenne keine neueren Fundorte als die Angabe bei Deshayes und auch für Venezuela erscheint es auffallend, dass nur Ein Exemplar davon bekannt geworden sein soll. Vielleicht gehört die Art in der That nur dem Ostabhang der Cordilleren an und sind Puerto Cabello wie Cayenne eben die Einschiffungspunkte, von denen einzelne Exemplare nach Europa gebracht worden.

Helix leucodon Pfr. Zeitschrift f. Mal. 1847 p. 81; mon. I p. 399; Chemn. ed. nov. 123, 12—14; Reeve fig. 358.

Caracas, Moritz: bei Puerto Cabello in der Montana della Cumbre und bei Chino. Appun S. 141, 227, 548 und 551, H. quadridentata und leucodon (im Berliner Museum). Tovar in Venezuela, Dyson bei Reeve und Pfeiffer III p. 257.

Kleiner, mit dickem weissem Mundsaum, einem Zahn am Oberrande, zwei stärkeren einander genäherten am Unterrande und einer starken Falte auf der Mündungswand.

Die Exemplare von Caracas sind stumpfkantig, haben nur 19—20 Mill. im Durchmesser, entsprechen aber im Uebrigen den citirten Beschreibungen und Abbildungen; sie waren aber in der Albers'schen Sammlung als quadridentata Brod. bezeichnet, daher für diese in der zweiten Ausgabe von Albers' Heliceen S. 155 Caracas als Fundort angegeben. Zuweilen zeigt sich nach aussen vom obern oder nach innen vom untersten Zahn noch eine zweite zahnartige Anschwellung. Die Exemplare von Puerto Cabello sind scharfkantiger, etwas grösser (21 Mill.) und der obere Zahn ist an ihnen sehr schwach; noch grösser, 23 Mill., und eben so scharfkantig sind Exemplare aus Venezuela ohne nähere Fundortsangabe, von Starke gesammelt, im Berliner Museum.

Helix Tamsiana Dunker Zeitschr. f. Mal. 1847 p. 81; Pfr. mon. I p. 399; Chemn. ed. nov. 156, 28, 29; Reeve fig. 556.

Puerto Cabello Tams, Chino bei S. Felipe, Appun S. 141 und 548.

Scharf gekielt, höher und kleiner (15—17 Mill. breit, bis 10 hoch), blassbraun, die Zähne schwächer, der obere fehlt ganz; zuweilen eine flache Anschwellung als Andeutung desselben. Die plötzliche Herabbiegung der letzten Windung dicht vor der Mündung ist bei dieser Art noch auffälliger als bei den vorhergehenden.

Gruppe **Solaropsis**. Schale niedergedrückt, fleckig, Mundsaum ausgebogen, ohne Zähne oder Falten.

Es ist zwar bis jetzt noch keine Art dieser Abtheilung aus Venezuela bekannt geworden, aber da dieselbe sowohl in Neu-Granada (Helix Gibbonia, praestans letztere sogar bei Ocaña nahe der Gränze) als in Guyana (H. pellis serpentis u. A.) vertreten ist, so dürfte sie ohne Zweifel auch noch in Venezuela zu finden sein.

Ferner erwähnt Appun a. a. O. Seite 548 Helix ringens; diese gehört zur Untergattung Anostoma, welche durch ihre nach oben zurückgedrehte gezahnte Mündung characterisirt ist; da aber dieselbe bisher nur aus Brasilien bekannt und auch im Berliner zoologischen Museum, wo die andern von Appun gesammelten Naturalien noch vorhanden sind, sich keine Anostoma von ihm vorfindet, so ist ein Irrthum im Namen möglich und wage ich daher nicht sie als venezuelanisch anzuführen. Vielleicht war Tomigerus Venezuelensis gemeint.

Bulimus.

Zähne gleichmässig, in geraden Querreihen; ein senkrecht gerippter Kiefer[1]; Schale länglich, weiss mit verdicktem Mundsaum.

Bulimus	Skulptur	Färbung	Columellarrand	Mundsaum	Höhe in Mill.	Breite in Mill.
(Bulimus) oblongus	runzelstreifig	blassröthlichgelb	ziemlich gerade	rosenroth	90—118	52—68
(Dryptus) marmoratus	gerunzelt	dunkel marmorirt	stark gedreht	blassgelblich oder weiss	83—96	47—51
pardalis	runzelig und schrammig	dunkel geflammt	oben mässig gedreht, unten gerade	blassröthlich oder weiss	66—127	32—56
Funcki	schwach gerunzelt	einfarbig dunkelbraun	nur schwach gebogen	pomeranzengelb oder schwärzlich	82	42
plumbeus	hammerschlagartig u. gerunzelt	rothgeflammt	schwach gedreht	bleigrau	93	36
Moritzianus	hammerschlagartig	grünbraun, schwach geflammt	wenig gedreht	pomeranzengelb	51—117	39—59
fulminans	runzelig mit schiefen Falten	grünbraun oder rothbraun mit dunkeln Zickzacklinien.	stark gedreht mit 1 weissen Zahn	braun	55	27
var. Blainvillei	"	"	stark gedreht	schwärzlich	51—55	27—29
var. Loweni	runzelig mit Spuren schiefer Falten	blassgelb mit dunkeln Zickzacklinien.	stark gedreht	dunkelviolett	36—43	18—24
(Eurytus) coloratus	fein gekörnt	braun mit dunklen u. hellen Flecken	schwach gebogen	rosenroth	49—64	29—39
Cathcartiae	fein gekörnt	strohgelb, fleckig	schwach gebogen	rosenroth	47	23
(Pelecychilus) distortus	chagrinartig	weissschäckig oder hellbraun	mit einer sehr starken Falte	weiss oder braun, aussen eingebogen	25—72	15—25
euryomphalus	runzelstreifig	weisslichbraun gestriemt	mit einer mässigen Falte	weiss, schmal	34—46	15—18
sinuatus	runzelstreifig	weisslichbraun gestriemt	mit einer mässigen Falte	weiss, breit, wulstig	56	23
otostomus	faltenstreifig	weiss, schwarzfleckig	mit einer starken Falte	weiss, aussen und oben vorgebauscht	31	13
(Anthinus) perdix	schwachstreifig	weiss, braunfleckig	mässig gedreht	weiss, schmal	46	19
Midas	schwachstreifig	röthlich, braunfleckig	stark gedreht	weiss, ziemlich breit	50	24

[1] Wir haben hier noch die grossen dicklippigen Arten wie in der zweiten Ausgabe von Albers als Bulimus, von den kleineren dünnlippigen als Bulimulus gesondert, obwohl die nähere Berücksichtigung von Kiefer und Zunge

Gruppe **Borus** und **Dryptus**. Grössere Arten mit verdicktem, besonders gefärbtem Mundsaum.

Bulimus (Borus) oblongus Müll. Lister hist. conch. 23. 21. Seba thes. III 71. 18—20. Helix oblonga Müller hist. verm. II 1774 p. 86; Born test. Mus. Caes. 15, 21. 22. Bulla oblonga Chemnitz Conch. Cab. IX fig. 1022, 1023. B. haemastomus Scopoli deliciae florae et faunae Insubricae 1786 p. 67 Taf. 25 Fig. B; Lam. an. s. vert ed. 2 VIII p. 224. B. oblongus Pfr. mon. II p. 21; Orbigny voy. Am. mer., Moll. p. 298; Grant in Trans. Linn. soc. XVII (Anatomie); Troschel in seinem Archiv für Naturgesch. XV 1849 Taf. 4 Fig. 1 (Kiefer); Heynemann in den Mal. Blätt. 1868 p. 107 (Kiefer und Zunge); Bland und Binney im American Journal of Conchology 1871 p. 180 (Kiefer und Zunge).

Am Valenciasee, Moritz; Puerto Cabello, Appun, schöne Exemplare, bis 109 Millim. Länge, blass röthlichgelb, die Nathgegend gelblichweiss, der Mundsaum mässig oder nur wenig verdickt; Caracas, Ernst, kleinere Exemplare, 90—100 Mill., der Mundsaum verhältnissmässig dicker. Caripe (bei Cumana), L'Herminier. Ejido, Engel. Das grösste Exemplar des Berliner Museums, leider ohne bestimmte Fundortsangabe, aus der Thiermann'schen Sammlung stammend, ist 118 Mill. lang, ganz weiss, mit verdicktem lebhaft rosenrothem Mundsaum.

Bekanntlich weit in Südamerika verbreitet, zugleich die nördlichste und südlichste Art ihrer Gruppe, selbst noch auf Trinidad, Tabago, St. Vincent und Barbados nach Bland; engl. Guyana, Schomburgk; Surinam, Lister, Kappler; Cayenne, Favanne, Drouet. F. Appun fand ihn etwas häufiger als andere Arten an den Blättern der Banane, namentlich bei Chino, und seine taubengrossen Eier ziemlich häufig an der Erde unter verrotteten Stämmen und Blättern derselben (Unter den Tropen I S. 141).

Bulimus (Dryptus) marmoratus Dunker Philippi icon. 2. 1. 2 1844; Pfr. mon. IV p. 381; Bland und Binney Am. Journ. Conch. 1871 p. 181 (Zunge beschrieben); B. Venezuelensis Nyst Bull. Acad. Belg. XII 1844 pl. 1. f. 1; B. astrapoides, Jonas Abhandl. aus d. Gebiet d. Naturwiss., Hamburg 1846 S. 123 Taf. 11; B. pardalis (non Fer.) Reeve conch. ic. V fig. 157.

Puerto Cabello, im Urwald der Cumbre, Appun S. 551. Caracas, Lansberg und Ernst; Prov. Cumana bei der Höhle der Guacharos, Funck bei Nyst und Jonas. Varinas (Flussgebiet des Orinoko), Dyson bei Reeve.

Durch die starke faltenartige Drehung der Columelle, die ziemlich regelmässige Runzelung und die marmorirte Färbung von den folgenden zu unterscheiden; letztere tritt an todt gesammelten, der Cuticula beraubten Exemplaren, wie das bei Philippi abgebildete, allerdings stärker hervor als an frischen. Der Mundsaum ist bei den frischen Exemplaren von Puerto Cabello, von vorn betrachtet, rein weiss, nur an der Rückseite gelblich; unter denjenigen von Caracas finden sich neben ganz übereinstimmenden andere, bei welchen, obwohl todt gefunden, er oft grossentheils isabellgelb, nach innen weisslich und die Schwiele auf der Mündungswand merklich stärker ist; diese Exemplare sind durchschnittlich kleiner und mehr gelbbraun gefärbt. Die absolute Grösse und verhältnissmässige Breite wechselt etwas, die Länge der vorliegenden erwachsenen Exemplare von 83—96 Mill., die Breite, wofür es der sehr schiefen Naht wegen schwer ist, bestimmte Endpunkte zu finden, ist in der Regel etwas weniger, zuweilen, namentlich bei kürzeren Exemplaren, etwas mehr als die halbe Länge.

---

weitere Trennungen erfordern wird. So ergibt sich schon aus Hrn. Schako's Untersuchung, dass Bul. Blainvilleanus in der faltenartigen Zusammensetzung des Kiefers und den gebrochenen Zahnreihen der Gattung Otostomus sich anschliesst. Siehe unten.

Dunkers ursprüngliche Angabe dieser Art aus Brasilien ist wohl ein Irrthum; man hat sie seitdem nur in Venezuela gefunden.

Bul. astrapoides Jonas scheint mir nach Vergleichung der Originalabhandlung denn doch zu dieser Art zu gehören; die Columellarfalte ist allerdings weniger stark, als gewöhnlich, aber ebenso finde ich sie auch an einem Exemplar der Albers'schen Sammlung, No. 122, welches der verstorbene Besitzer selbst als marmoratus var. astrapoides Jonas von pardalis unterschieden hat.

Bulimus (Dryptus) pardalis Fer. hist. nat. pl. 112 fig. 7. 8. Pfr. mon. I p. 36; Chemn. ed. nov. 54, 1—3. 5 (und 4?); Binney and Bland Am. Journ. Conch. 1841 p. 181 (Kiefer). B. Lindeni Reeve fig. 189. B. astrapoides (Jonas) Phil. icon. 2, 3. 4.

Maracaibo, von Ed. Müller erhalten, in der Albers'schen und Pfeiffer's Sammlung; La Baja. Prov. Pamplona in Neu-Granada (nahe der Gränze von Venezuela), Funck und Linden bei Reeve. Nach letzterem (Ann. Mag. 1851) lebt diese Art nebst den zwei folgenden, Funcki und Moritzianus, nur in den hohen dicht bewaldeten Berggegenden Venezuela's, etwa 8000' über dem Meere, bei einer Temperatur von 18—21° C.

Schlanker, die Columellardrehung schwächer, die Sculptur mehr unregelmässig, hammerschlagartige Eindrücke und wie mit den Fingernägeln eingeritzte Schrammen nicht selten, die Färbung aus schmäleren mehr gerade verlaufenden braunen Striemen gebildet. Farbe des Mundsaums bald weiss, bald blassroth, bei einem mittelgrossen Exemplar aus Maracaibo sogar schwärzlichgrau. Das grösste mir vorliegende Exemplar, unbekannten Fundorts (Berl. Mus. 10468), ist 127 Mill. lang, mit weissem Mundsaum und schwärzlicher Mündungswand, das kleinste von Maracaibo nur 72.

Bulimus (Dryptus) Funcki Nyst Mem. Soc. roy. des sciences de Liège I 1843—44 p. 262 pl. 7 f. 2 und Bull. acad. sc. Bruxell. XII 1844 pl. 2 f. 1; Phil. icon. II 3, 1; Pfr. mon. I p. 36; Chemn. ed. nov. 55, 1—4; Reeve fig. 171; B. superbus Jonas l. c. p. 124 Taf. 11 Fig. 16; B. Caripensis Valenciennes Mus. Paris, nach Cuming.

Caracas, Ernst. Caripe unweit Cumana in Venezuela, L'Herminier, im Berliner Museum; ebenda von Funck nach Nyst und von Linden nach Reeve gefunden, in Felsenspalten, von den Eingebornen gegessen.

In der Form zwischen dem eiförmigen marmoratus und dem länglichen pardalis ungefähr die Mitte haltend, einfarbig olivenbraun oder dunkel braunroth. Columelle fast geradlinig, Mundsaum mehr oder weniger lebhaft pomeranzengelb, oft mit schwärzlichem Anflug. Die Skulptur zeigt hammerschlagartige Eindrücke, vorzugsweise auf den obern Windungen, sie sind übrigens nicht sehr auffällig. Länge 80—90 Mill., Breite meist etwas geringer als die halbe Länge, selten derselben gleich.

B. adoptus Reeve fig. 608 scheint eine etwas heller gefärbte Abart „von den Ufern des Orinoko."

Bulimus (Dryptus) plumbeus Pfr. Proc. Zool. Soc. 1855 p. 114; mon. helic. IV p. 369.

Venezuela, Pfr. Mir nicht näher bekannt.

Bulimus (Dryptus) Moritzianus Pfr. mon. II p. 23; Chemn. ed. nov. 69, 2—5; Desh. bei Fer. 144, 7—10; Reeve f. 162; Martens Mal. Blätt. VI p. 62.

Caracas, Moritz und Lansberg im Berliner Museum; Puerto Cabello, Appun. „Provinzen Merida, Pamplona und Truxillo" in Neu-Granada, Funck und Dysen in Cuming's Sammlung (Merida und Truxillo gehören noch zu Venezuela, Flussgebiet des Sees Maracaibo, Pamplona zu Neu-Granada, liegt aber in demselben Flussgebiet).

Eiförmig, wie marmoratus, doch nach oben mehr verschmälert und zugespitzt, mit hammerschlagartigen Eindrücken bedeckt, etwas gestriemt; Columelle minder dick, in flacherem

Bogen gedreht. Mundsaum fast immer pomeranzengelb. Eine der variabelsten Arten, namentlich auch in der Grösse; Das grösste mir vorliegende Exemplar von Hrn. Engel. 117 Mill. lang, das kleinste, aus Puerto Cabello, nur 44 Mill. Die Mündung nimmt bei jenem grossen ½, bei einem andern ziemlich kleinen Exemplar gut ⅗, in der Regel ungefähr ½ der ganzen Länge ein. Der Mundsaum ist meist nicht so stark verdickt, wie bei marmoratus, doch kommen auch Exemplare mit ebenso starker Verdickung vor. Merkwürdig ist eines, aus Caracas von Lansberg erhalten, dadurch, dass es in Grösse, Form und rein weisser Farbe des Mundsaums dem marmoratus täuschend ähnlich sieht, während es durch Skulptur und Form der Columella sich als Moritzianus erweist.

B. speciosus Pfr., zwischen diesem und dem folgenden stehend, kommt schon bei Ocana vor und dürfte wohl auch noch in Venezuela zu finden sein.

Bulimus (Dryptus) fulminans Nyst Mem. Soc. roy. sc. de Liège 1 1843. 44 p. 261 pl. 7 f. 1;
 Pfr. mon. II p. 25; Desh. bei Fer. 130. 11. 12; Reeve fig. 160; B. bellulus Jonas l. c.
 S. 125 Taf. 11 Fig. 18; Phil. icon. 3, 3.

Caracas, sehr zahlreich, Ernst; Caripe, Jonas; Prov. Cumana, Funck in Cumings Sammlung. Nach Reeve in den mehr bewaldeten höheren Gegenden, von 4000—6000' Meereshöhe mit den folgenden Abarten einheimisch.

Kleiner, eiförmig, noch mehr zugespitzt, auf den obern Windungen mit regelmässigen schief ab- und rückwärts laufenden Faltenstreifen, auf der letzten dagegen gewinnen schief ab- und vorwärts laufende Falten die Oberhand und durchbrechen störend die obige Faltenstreifung. Die Grundfarbe wechselt zwischen Gelbbraun und sehr dunkel Rothbraun, die Farbe des Mundsaums dem entsprechend leberbraun bis braunschwarz; die Columella stets heller, blassröthlich oder fast weiss, in flachem Bogen gedreht, nach oben eine mehr oder weniger deutliche Falte bildend, selten so schwach wie auf der Abbildung bei Philippi.

Unter 93 von Hrn. Ernst geschickten Exemplaren befindet sich eines mit ganz weissem Mundsaum, zugleich ist die Schale auffallend heller gelbbraun, die Columellarfalte scharf ausgebildet, die schiefen Falten des letzten Umgangs dagegen sehr schwach.

Bulimus fulminans var. Blainvilleanus Pfr. Bulimus Blainvilleanus Pfr. mon. II p. 15;
 Philippi icon. III 8, 1. 1847; Reeve fig. 160.

Puerto Cabello, zahlreich, namentlich im Urwald des Gebirges Cumbre. Appun; Caracas, Lansberg. Jali. Prov. Merida, Funck in Cuming's Sammlung.

Der vorigen sehr ähnlich, nur etwas bauchiger, das Gewinde verhältnissmässig kürzer, die schiefen nach unten und vorn laufenden Falten des letzten Umgangs oft weniger zusammenhängend, zuweilen aber so schön ausgebildet wie beim vorigen; endlich löst sich der Columellarrand etwas früher von der Fläche der letzten Windung ab, sodass ein deutlicherer Nabelritz entsteht, daher Pfeiffer diese Art in einem andern Paragraphen setzt und sie im zweiten Band durch 43, im sechsten durch 69 zum Theil grundverschiedene Arten (z. B. die ostindischen Amphidromus) trennt, während es mir zweifelhaft bleibt, ob sie sich als Arten auseinander halten lassen. Die Exemplare von Puerto Cabello sind dunkel gefärbt und gross, 58 Mill. lang. Diejenigen von Caracas kleiner, oft sehr klein, 47 bis nur 32 Mill. lang, unter denen dunklere und hellere untereinander. Jüngere Exemplare sind papierdünn und biegsam, zugleich heller gelb, daher die dunkeln Zickzackstreifen mehr hervortreten. Die schmalen dunkeln Zickzackstriemen liegen nicht bloss in der Cuticula, sondern sind auch nach Verlust derselben an einzelnen Exemplaren noch vollkommen vorhanden, an andern, wahrscheinlich mehr verwitterten, aber nicht

Der Kiefer dieser Form ist nach G. Schako's Untersuchung an einem jungen Exemplar schwach gebogen, am untern Rand (innern Bogen) unregelmässig gefaltet, am obern (äussern) glatt: er besteht aus 41 Falten, ist durchsichtig und nur an den Falten gelblich gefärbt: eine fein markirte parallele Längsstreifung ist bis zur Mitte bemerkbar. Spannung des Kiefers 3 Mill., Breite 0,9 Mill. (Taf. 2. Fig. 16a).

Zunge 5,5 Mill. lang, 3 Mill. breit, Fig. 16b, Formel der Zahlenreihe $62 + 1 + 62$. also 125 Längsreihen: 110 Querreihen. Letztere laufen jederzeit schief, so dass der Winkel in der Mitte gegen die Basis der Zunge, von der aus sie wächst, gerichtet ist. Der Mittelzahn, Fig. 16 c, ist 0,075 Mill. lang, seine obere Fläche bis zur Spitze 0,069 Mill. lang und nach vorn 0,042, der vordere Abschnitt zunächst der ganz stumpfen Spitze 0,024 Mill. breit: an seiner Seite jederseits eine kleine Nebenspitze. Der nächste Zahn (Nebenzahn) ist ähnlich gebildet, mit einer kleinen Nebenspitze (Fig. 16 d). Die übrigen Zähne entwickeln mehr und mehr Seitenspitzen, bis schliesslich eine Art unregelmässiger Ueberwucherung Statt findet. (Fig. 16 e und f.)

Bulimus fulminans var. Loveni. Bulimus Loveni Pfr. in Philippi icon. III 8, 6: Pfr. mon. II p. 26: Reeve pl. 28 Fig. 160 c.

Tovar in Venezuela. Cuming's Sammlung: Caracas, Moritz, in der Albers'schen Sammlung.

Diese Varietät vereinigt die mehr zugespitzte Form des fulminans mit den kleinen Dimensionen (36 Millim.) und der helleren Grundfarbe der kleineren Lansbergischen Exemplare von Blainvilleanus aus Caracas, die schiefen Falten der letzten Windung sind sehr schwach ausgedrückt, feine Spiralstreifen auf der vorletzten Windung zwischen den Falten sind vorhanden, ebenso aber auch bei gut erhaltenen Exemplaren von fulminans unter einer scharfen Lupe bei günstiger Beleuchtung zu erkennen: die Spitze endlich ist nicht anders als bei fulminans und Blainvilleanus, indem die oberste Windung sehr stumpf beginnt, und dadurch ein Grübchen als Beginn der Nath hervorbringt. Ich kann somit, wie Reeve, B. Loveni nicht für artlich von fulminans verschieden halten.

F. Appun führt noch einen B. amethystoides Albers und fulminatus aus dem Urwald der Cumbre in Venezuela an (Unter den Tropen I S. 551), vermuthlich meint er B. astrapoides (pardalis?) und fulminans, aber unter den von ihm dem Berliner Museum eingesandten Conchylien befinden sich dieselben nicht.

Die genannten Arten, von marmoratus an, der eigentliche Stamm der Gruppe Dryptus, scheinen ihre eigentliche Heimat an der Küste Venezuelas zu haben: die folgenden, zu **Eurytus** hinüberführend, gehören mehr dem Binnenlande, theils der Provinz von Merida theils Neu-Granada selbst an und ich führe sie nur auf einige Ortsangaben hier an.

? Bulimus coloratus Nyst.

Nyst selbst gibt für diese Art die Provinz Cumana in Colombien und als Finder Funck an, ganz wie bei marmoratus und Funcki, nur dass er nicht speziell die Guacharohöhle nennt: dagegen haben weder Moritz, Lansberg und Ernst von Caracas, noch Appun von Puerto Cabello sie eingeschickt: Reeve, fig. 155, gibt denselben Fundort wie Nyst an, fügt aber hinzu, Nyst sei im Innern von Columbia (Gesammtname für Venezuela, Neu-Granada und Ecuador) gereist: Pfeiffer mon. II p. 48 sagt, das von Reeve abgebildete Exemplar sei von Lattre zu Quito in Ecuador (10° südlich und 13° westlich von Cumana) gefunden: ein damit sehr gut übereinstimmendes, auch von Cuming stammendes Exemplar der Albers'schen Sammlung ist als aus den Anden von Neu-Granada stammend bezeichnet. Kleinere Exemplare erhielt ich vor Kurzem vom Naturalienhändler Wessel ebenfalls aus Neu-Granada, endlich hat Pfeiffer Novitat. I 8. 5 eine Varietät abgebildet, welche mit der Nyst'schen Originalabbildung in der Grösse besser stimmt, als die Reeve'sche, und bei Ocana von Schlim gesammelt sein soll: Ocana liegt nun in Neu-Granada, nahe der Gränze von Venezuela, noch im Gebiet des Sees von Maracaibo, in einem natürlichen Bezirk mit Merida und Pamplona. Wir dürfen also annehmen, dass auch Funck seine Exemplare mehr im Innern von Venezuela gesammelt hat, lassen aber dahingestellt, ob wirklich in der Provinz Cumana, die allerdings landeinwärts bis zum Orinoko sich erstreckt, aber doch durch Caracas und Puerto Cabello von Merida getrennt ist. Die verwandten Arten B. Gibbonius Lea, castaneus und Lamarckianus Pfr. sind mehr im Innern von Neu-Granada gesammelt worden, die beiden erstern am obern Lauf des Magdalenenstroms, die dritte 8000 über dem Meer. Bei dieser Gelegenheit möge die Bemerkung erlaubt sein, dass B. Gibbonius und castaneus, so nahe sie einander stehen, doch durch die Skulptur nach den wenigen von mir bis jetzt verglichenen Exemplaren sich leicht unterscheiden; diese ist, wie Pfeiffer monogr. II p. 51, 52 angibt, bei Gibbonius granulato-striata, bei castaneus confertim striata, lineis spiralibus distantioribus decussata. Weniger konstant ist die Farbe des Mundsaums; ein vom Tauschverein mir zugesandtes Exemplar aus Neu-Granada, durch die feingekörnelte Skulptur und die allgemeinen Umrisse, namentlich die stark nach aussen und unten vortretende Mündung und den breiten Mundsaum (Reeve fig. 196) dokumentirt, hat doch den Aussen- und Basalrand schwärzlich gefärbt wie castaneus.

Bulimus Cathcartiae Reeve fig. 265.

Prov. Merida, Linden bei Reeve; Caracas, Lansberg im Berliner Museum. Ein Exemplar. Pfeiffer vereinigt diese Art mit B. pintadinus Orb. voy. 29, 11, 12 von Yurucares in Bolivia; da die Abbildung nicht ganz übereinstimmt und der Fundort weit entfernt ist, bleibt mir die Identität noch bedenklich.

Gruppe **Pelecychilus**. Mündung durch eine stark vorspringende Columellarfalte verengt, nach unten eckig. Schale rauh, meist fleckig.

Bulimus (Pelecychilus) distortus Chemn. Auris Midas distorta Chemn. Conch. Cab. X fig. 1395, 96 (Fundort unbekannt) 1788; Bulimus distortus Brug. Hist. 14, 1, 2; Pfr. mon. II p. 88; Reeve fig. 358.

Puerto Cabello, Appun, im Berliner Museum, grosse und schöne Exemplare davon an den Blättern der Bananen bei Chino und der auf der Cumbre, S. 141 und 548, Caracas, Moritz, Lansberg und Ernst, kleiner und sehr variabel. Wie es scheint nur aus Venezuela bekannt.

Durch die rauhe chagrinartige Beschaffenheit des letzten Umgangs und die schmale Mündung mit ungemein stark vorspringender Columellarfalte in der Regel leicht zu erkennen; die Gestalt ist meist länglicher als bei den andern Arten derselben Gruppe, doch wechselt sie ziemlich, noch mehr die Grösse und die Farbe. Die grössten mir vorliegenden Exemplare, von Puerto Cabello, sind 72 Mill. lang, die kleinsten, von Caracas, 35; die Breite ist durchschnittlich ⅔ der Länge, steigt aber bei einzelnen Exemplaren von Puerto Cabello, wie es scheint durch Verkürzung der sonstigen Länge, zu ¾. Die zahnförmige Verdickung des Aussenrandes etwas oberhalb des Niveaus der Columellarfalte ist bald sehr stark, bald, namentlich bei kleineren schlanken Formen von Caracas, kaum oder gar nicht angedeutet. Die Grundfarbe ist in der Regel gelblichweiss mit mehr oder weniger zahlreichen rothbraunen kleineren unregelmässigen Flecken; diese können sich aber zu Längsstriemen vereinigen, können auch die helle Grundfarbe bis auf schmälere schiefe Bänder oder vollständig verdrängen; in diesem Fall werden die sonst weisslichen obern Umgänge gelbroth oder fleischroth; zuweilen ist die ganze Oberfläche fast gleichmässig isabellgelb (ein Exemplar aus Caracas), ähnlich wie es bei B. spectrum Albers Regel ist. Der Mundsaum ist in der Regel weiss, fast immer tritt an der Columellarseite etwas Leberbraun oder Violettbraun auf, das bald in der Tiefe bleibt, bald die Columellarfalte und die angrenzenden Strecken theilweise oder ganz einnimmt; selten ist der ganze Mundsaum einschliesslich des Aussenrandes braun und zwar kommt dieses zuweilen bei weisser wie bei brauner Schalenoberfläche vor; nicht selten ist die Columellarfalte an ihrer Basis braun, in ihrem freieren Theil weiss.

Besonders hervorzuheben sind folgende zwei Varietäten:

1) Klein, länglich und schmal, 36—45 Mill. lang und etwas weniger als ⅓ davon breit, die Mündung nur die halbe Länge der Schale einnehmend, der Mundsaum ungewöhnlich stark verdickt, daher auch unten mehr abgerundet, nicht so zugespitzt wie gewöhnlich; die Columellarfalte mässig, der Zahn am Aussenrande wenig oder gar nicht entwickelt. Die Skulptur besteht mehr in zusammenhängenden Runzeln als in isolirten Körnern. Wenn nicht manche Uebergänge vorlägen und einzelne Exemplare noch die charakteristische Färbung der Columelle zeigten, könnte man sie leicht für eine eigene Art halten. Caracas, von Ernst, vermuthlich an trockenen Orten.

2) Klein und bauchig, z. B. 39 Mill. lang, 18½ breit, Mündung ½ der Länge. Sculptur schwach entwickelt, weiss mit wenig zahlreichen hellbraunen Zeichnungen, Columellarfalte ziemlich schwach, Zahn des Aussenrandes kaum angedeutet. Caripe, L'Herminier im Berliner Museum (hierher wohl auch der von Engel bei Ejido gesammelte sog. glaber Mal. Bl. IV S. 65).

Diese Varietät kommt dem eigentlichen glaber Gmel., Reeve f. 357, von den westindischen Inseln nahe, ist aber nicht so dickschalig, die Mündung ist entschiedener nach unten zugespitzt: Pfeiffer's glaber var. β, mon. II p. 89 gehört wohl dazu, aber Vorkommen und Zwischenformen lassen sie nicht von distortus trennen. B. lacerta Pfr. vom obern Maranhon ist ähnlich, aber der Mundsaum dünner, die Columellarfalte viel schwächer, der Zahn am Aussenrand gar nicht vorhanden.

Die Eier von Bulimus distortus sind nach J. Gollmers handschriftlichen Notizen so gross wie ein Hanfkorn, rund, weiss, leicht zerbrechlich. Wenn das Thier kriecht, soll nach demselben eine Art Crepitation zu bemerken sein.

Bulimus (Peleeychilus) eurygomphalus Jonas l. c. S. 126 Taf. 10 Fig. 15; Phil. icon. III S. 2; Pfr. mon. II p. 88; Reeve fig. 356.

Caripe, Jonas; Caracas, Moritz, Lansberg und Ernst: „Galipan" in Venezuela, Dyson in Cuming's Sammlung nach Philippi's und Pfeiffer's Angabe; einen solchen Ort finde ich auf den Generalkarten nicht, sollte es etwa für Caripe oder S. Felipe (unweit Puerto Cabello) verschrieben sein?

Die Form der Mündung und auch die braune Färbung der Mündungswand und des hintern Theils des Columellarrands erinnern noch sehr an distortus, aber der Mundsaum ist nicht so verdickt, der Zahn des Aussenrandes fehlt oder ist nur an einigen Exemplaren als schwache Andeutung vorhanden, und die Skulptur besteht auch auf der letzten Windung nur in schwachen regelmässigen Runzelstreifen. Die Färbung ist meist weisslich mit stark ausgesprochenen, mehr oder weniger zickzackförmigen braunschwarzen Striemen; eines der von Ernst eingeschickten Exemplare ist dagegen vorherrschend isabellgelb mit einigen helleren und vielen dunkleren grünen Flecken; es scheinen demnach hier ähnliche Farbenänderungen wie bei distortus vorzukommen und es sollte mich nicht wundern, wenn sich auch noch Exemplare mit braunem Mundsaum fänden. Länge 34—46 Mill., Breite ⅔ bis beinahe ¾ der Länge.

Bulimus (Peleeychilus) sinuatus Albers. Pfr. novitat. I S. 37 Taf. 10 Fig. 18—20.

Puerto Cabello, Appun im Berliner Museum, vielleicht der B. distorto affinis desselben vom Urwald Cumbre, Unter den Tropen S. 551.

In Form und Färbung dem vorigen ähnlich, aber grösser, dickschaliger, der Mundsaum dick und in seinen untern Theilen unregelmässig gewulstet, bei dem Albers'schen Originalexemplar nur an der untern Seite des Aussenrandes, bei einem etwas grössern, von Appun eingesandten im Berliner Museum, 54 Mill. lang, auch an dem untern Theil des Columellarrandes ein starker Wulst, die Columellarfalte dagegen schwach.

Bulimus (Pelecychilus) otostomus Pfr. Proc. Zool. Soc. 1854 p. 291; mon. IV p. 442; VI p. 78; novitat. conchol. Bd. I Taf. 5 Fig. 12. 13.
Caracas, Swift bei Pfr.

Gruppe **Anthinus**. Mundsaum breit umgebogen; Schale glatt, bunt. Kiefer gestreift (Bland und Binney Am. Journ. Conch. 1870 S. 208, B. multicolor).

Bulimus (Anthinus) perdix Pfr. 1847; Philippi icon. III 8, 3; Pfr. mon. II p. 89; Chemn. ed. nov. 39, 1; Reeve fig. 355.

Caracas, Lansberg im Berliner Museum; Agua de Obispo in Neu-Granada, Funck bei Pfeiffer und Philippi.

Diese Art hat, abgesehen von der Mündung, manche Aehnlichkeit mit B. euryomphalus, die offene, nach unten abgerundete Mündung verweist sie aber in eine andere Gruppe. Das Lansbergische Exemplar ist kleiner als die aus Neu-Granada angegebenen, nur 31 Mill. lang, sonst ganz übereinstimmend.

Bulimus (Anthinus) Midas Albers Zeitschr. f. Mal. 1852 S. 32; Chemn. ed. nov. 48, 17. 18; Pfr. mon. III p. 331.

Venezuela, durch Appun eingeschickt in der Albers'schen Sammlung, durch Starke im Berliner Zoologischen Museum, bei keinem der Fundort näher angegeben.

Diese Art variirt nach den vorliegenden Exemplaren nur wenig in der Grösse, aber ziemlich in der Breite, welche bald etwas mehr, bald etwas weniger als die halbe Länge ist. Die Färbung wechselt insofern, als die obern Windungen bald nur leicht röthlich gelb angeflogen, bald alle bis zu einem Theil der letzten lebhaft fleischroth gefärbt sind.

Tomigerus Spix.

Schale kurz, konisch, seitlich zusammengedrückt, mit vertikaler stark gezähnter Mündung und spaltförmigem Nabel. Kiefer und Zunge noch nicht bekannt. Die Mündung und die Färbung der Schale sprechen für Verwandtschaft mit der Bulimus-Gruppe Odontostomus, die, wie die Mehrzahl der Tomigerus-Arten, in Brasilien zu Hause ist.

Tomigerus Venezuelensis Pfr. Mal. Blätt. 1855 S. 148; Proc. Zool. Soc. 1856 S. 36; mon. IV p. 328.

6½ Mill. breit, 5 hoch, blasshornfarbig, fettglänzend, drei Falten auf der Mündungswand, drei am untern und eine starke am äussern Rand.

Bulimulus Leach.

Kiefer mit wenig zahlreichen, rippenartigen, ziemlich senkrechten, bis zum Unterrand zusammenhängenden Falten. Zähne ziemlich gleichmässig, in geraden Querreihen, die Spitze des Mittelzahns bis zum hintern Rande der Basalplatte zurückreichend. Schale länglich, von nur mässiger Grösse. Mundsaum nur kurz oder gar nicht umgeschlagen. Vorherrschende Färbung braun.

Leach hatte, nur auf die Schale hin, für Bulimus Guadelupensis Brug. = Helix exilis Gmel. die Gattung Bulimulus errichtet. Beck u. A. hierauf diesen Namen als Gruppenbezeichnung für verschiedene kleine südamerikanische Arten benutzt. Als Prof. Troschel zuerst auf die eigenthümliche Kieferbildung einiger derselben aufmerksam machte (in seinem Archiv für Naturgeschichte 1849 S. 230 u. ff.), lag es daher nahe den Namen Bulimus auf alle kleineren südamerikanischen Arten anzuwenden, bei denen eine solche von der der eigentlichen Bulimus abweichende scheinbar aus einzelnen Platten zusammengesetzte Bildung des Kiefers entweder beobachtet war oder der Schalenähnlichkeit nach vermuthet werden konnte. So hatte ich es in der zweiten Ausgabe von Albers 1860 gemacht und dabei die Gränzen allerdings weit ausgedehnt; da damals nur von sehr wenigen Arten die Kiefer bekannt waren, glaubte ich um so weniger weitere Trennungen machen zu dürfen und den einmal bestehenden Namen für alles einigermassen Aehnliche verwenden zu müssen. Zahlreichere neuere Untersuchungen, namentlich von Th. Bland und W. Binney in Nordamerika (Am. Journ. Conch. 1871, Ann. Lyc. nat. hist. New-York 1870 etc.), sowie diejenigen, welche Hr. G. Schako in Berlin ausdrücklich für diese Arbeit vorzunehmen die Güte hatte, haben nun ergeben, dass unter diesen kleinen südamerikanischen Arten, die bis jetzt meist trotz der abweichenden Kiefer noch zu Bulimus gerechnet werden, mindestens noch zwei Typen zu unterscheiden sind; die eine ist der eben beschriebene und zu diesem scheint nach den Angaben von Mörch (Journ. de Conchyliologie 1865 S. 27) und P. Fischer (in derselben Zeitschrift 1872 S. 293) auch Bulimus Guadelupensis Brug. = exilis Gmel. zu gehören, so dass ihm der Name Bulimulus verbleiben muss. Auch die geringere Zahl der Kieferfalten, sowie der Zähne in Einer Querreihe scheint für diese Abtheilung charakteristisch zu sein, denn wir finden bei

	Kieferfalten	Zähne einer Querreihe
Guadelupensis Brug.	14—16	33 + 1 + 33
constrictus Pfr.	11	27 + 1 + 27
sporadicus Orb. (Heynemann Mal. Bl. 1868)	12	60
dealbatus Say	10	?
pallidior Sow. von Californien	?	40 + 1 + 40

während die folgende Abtheilung durchschnittlich weit höhere Zahlen aufweist.

Bulimulus constrictus Pfr. symbol. I 1841 p. 43; mon. II p. 110; Chemn. ed. nov. 39, 8. 9; Reeve fig. 402 (non 307). — Bulimus Angosturensis Gruner in Wiegmann's Archiv f. Naturgeschichte VII 1841 S. 278 Taf. 11 Fig. 3.

La Guayra, Otto im Berliner Museum. Caracas, Moritz, Gollmer und Ernst. Angostura am Orinoko, Gruner. Neu-Granada, nach Ed. Müller's und vom obern Maranhon, nach Cumings Angabe in der Albers'schen Sammlung.

Auf den ersten Anblick einem Leptomerus ähnlich, aber fein gegittert, mit tieferen Nähten, die Mündung kleiner. Mundsaum etwas verdickt, weisslich, der Columellarrand breit umgeschlagen, der Aussenrand leicht ausgebogen. Junge Exemplare lassen sich leicht durch den verhältnissmässig viel kürzeren sichtbaren Theil der obern Windungen von solchen des cacticolus unterscheiden. Im frischen Zustand ist diese Art behaart, an vielen Exemplaren zeigen sich wenigstens an den obern Windungen noch Härchen, an gut erhaltenen jungen sieht man die kurzen hellen Härchen auf den Spirallinien ziemlich dicht stehen. Das grösste mir vorliegende Exemplar (angeblich von Neu-Granada) ist 23 Mill. lang, das kleinste, von Angostura durch Gruner erhalten, 18. Breite ziemlich konstant gleich der halben Länge. Länge der Mündung gleich ⅖ derselben.

B. orthodoxus Drouet moll. de la Guyane franc. I, 14. 15 ist dieser Art ähnlich, aber kürzer und gedrungener; eine ihm sehr ähnliche Form hat das Berliner Museum aus Ceara im nördlichen Brasilien erhalten.

Der Kiefer ist nach G. Schako's Untersuchung stark hufeisenförmig gebogen, mit 11 rippenartigen Falten (Taf. 2, Fig. 17a). Der untere Rand (innere Bogen) ist stark gekrümmt, und zunächst demselben ist eine wellige Streifung zu erkennen, die sich aber nicht weiter aufwärts erhebt; sie macht sich hauptsächlich an den zusammenstossenden Rippen, an einigen

Stellen auch an der entgegengesetzten Seite bemerkbar. Spannung des Kiefers 1 Mill., Breite (Höhe) 0,36 Mill. Derselbe ist durchsichtig, hellgelb.

Zunge 2,6 Mill. lang, 0,9 Mill. breit; Formel für die Zahnreihe 27 + 1 + 27, also 54 Längsreihen; 91 Querreihen, Fig. 17b. Der Mittelzahn ist 0,0303 Mill. lang, 0,0212 breit, er ist verhältnissmässig kräftig, keilförmig mit kurzer Basalfläche und je einer kurzen Nebenspitze; die Basis seines Halses ist gegen die Mitte eingebuchtet, Fig. 17 c. Die Nebenzähne sind etwas grösser, ihre obere Fläche wird immer schmaler, bis dieselbe beim 20sten Zahne, Fig. 17 d, einen Nebenhaken bildet; bei den letzten 4 Zähnen findet eine ganz unregelmässige Ueberwucherung von Zähnchen statt (G. Schako).

B. constrictus wurde von Albers (Heliceen 2te Ausgabe S. 223) mit grösseren mehr oder weniger behaarten Arten Brasiliens in eine eigene Gruppe, Rhinus, gestellt. Spätere Untersuchungen müssen zeigen, ob diese Gruppe als solche in der Gattung Bulimulus, wie sie hier aufgefasst ist, bleiben darf.

Otostomus Beck.

Kiefer mit zahlreicheren schiefen und etwas bogigen Falten, deren mittlere in der Mittellinie zusammentreffen und die nur theilweise durch dünne Zwischenräume continuirlich verbunden sind, nach dem untern (innern) Rand des Kiefers zu aber sich mehr oder weniger trennen. Zähne in winkelig gebrochenen Querreihen, die Spitze des Mittelzahns kürzer, nicht soweit als dessen Basis zurückreichend.

Es ist dieses der zweite Typus der Kiefer- und Zungenbildung bei den kleineren südamerikanischen bis jetzt meist noch zu Bulimus gerechneten Arten, vgl. oben S. 178, und er scheint bei einer grösseren Anzahl von Arten vorzukommen; namentlich scheinen die von Troschel beschriebenen Arten B. litus (= papyraceus Mawe) und cinnamomolineatus, Archiv f. Naturgeschichte 1849 Taf. 4 Fig. 3 u. 4 auch hieher zu gehören, obwohl der Verlauf der Kieferfalten diesen Abbildungen nach weniger schief ist, als bei den von Hrn. Schako untersuchten Arten.

Ob übrigens der Name Otostomus für diese Abtheilung bleiben kann, muss erst die anatomische Untersuchung der von Beck unter diesem Namen verstandenen Arten, namentlich des Bulimus auris-leporis Brug., zeigen. Ich habe ihn hier gewählt, um einen neuen, möglicherweise unnöthigen Namen zu vermeiden, da Beck einige der untersuchten Arten, namentlich trigonostomus und convexus, diesem auris-leporis conchyliologisch ziemlich nahe kommen und andrerseits die Gebrüder Adams gerade denselben Namen Otostomus ebenfalls für eine grössere südamerikanische, nach der Schale charakterisirte Gattung gebraucht haben, die mehr oder weniger mit der vorliegenden zusammenfallen dürfte. Hieher dürften auch mit ziemlicher Wahrscheinlichkeit die sieben ersten Gruppen von Bulimulus in der zweiten Ausgabe von Albers' Heliceen zu rechnen sein. Der Mundsaum ist bald breit ausgebogen, bald schmal oder ganz gerade, immer aber ziemlich dünn. Die Grundfarbe meist hell, weisslich oder gelb, oft mit dunkler bunter Zeichnung; auch der Mundsaum ist gelb oder röthlich gefärbt, öfters unten an der Mündung eine mehr oder weniger ausgesprochene Ecke.

Otostomus	Skulptur	Färbung	Mündung	Verhältniss d. Mündung zur Schalenlänge	Höhe | Breite in Millim.	
Otostomus s. str. glaucostomus	sehr fein spiral gestreift	weiss mit braunschwarzen weissgetropften Bändern	breit ausgebogen, violett	4 : 7	33	20
Drymaeus trigonostomus	schwach gestreift	weisslich oder gelbröthlich, mit oder ohne Bänder	breit umgeschlagen, unten eckig, gelb oder roth	5 : 9 bis 5 : 12	29—39	13—15
depictus	do.	isabellgelb mit braunen unterbrochenen Striemen	schmal ausgebogen, weisslich	3 : 7 bis 1 : 2	30—34	13—14
— var. ictericus	do.	gelblich weiss	do.			
Liostracus Meridanus	glatt	weisslich mit dunkeln Bändern	kaum ausgebogen, dünn	1 : 2 bis 3 : 7	29—33	11—14
incarnatus	glatt	rosen-fleischroth, dunkelbraun gefleckt	leicht ausgebogen, dünn	1 : 2	31	12
roseatus	fein spiral gestreift	rosig-weiss, hellbraun gefleckt	kaum ausgebogen, dünn, rosenroth	4 : 9 bis 1 : 2	28—32	12—14
demotus	do.	weisslich mit Quadratflecken u. Basalbinde	kaum ausgebogen, dünn	1 : 2	33	16
Mormus membranaceus	sehr fein spiral gestreift	weiss	gerade, dünn	6 : 13	31—33	13—14
virginalis	fein spiral gestreift	weisslich mit Spuren von Flecken	kaum ausgebogen, dünn	3 : 7	23—26	11-11¾
flavidus	do.	blass schwefelgelb, nach unten röthlich	kaum ausgebogen, etwas verdickt	3 : 7	23	11¼
debilis	do.	gelblich weiss	gerade, etwas verdickt	1 : 2	23	10¼
Mesembrinus Deshayesii	schwach gestreift	weiss, schwarzfleckig	gerade, violett	1 : 3	45	18
Menkei	do.	weiss, braun gestriemt, Spitze schwärzlich	gerade, schwärzlich	3 : 8	25	11¾
virgulatus	do.	weiss oder röthlich, oft mit 2—3 dunkeln Bändern	gerade, stumpf, innen gelblich	3 : 7 bis 1 : 2	26	12
Leptomerus cucticolus	sehr schwach spiral gestreift	hellbraun	gerade, dünn	4 : 9 bis 1 : 2	16—25	9—12½

Otostomus glaucostomus Albers (als Bulimus) Zeitschr. f. Mal. 1852 S. 59; Chemn. ed. nov. 48. 11. 12; Pfr. mon. III p. 332.

Berge von Venezuela, durch den verstorbenen Naturalienhändler Ed. Müller erhalten. Ein Exemplar.

Otostomus (Drymaeus) trigonostomus Jonas Zeitschr. f. Mal. 1844 S. 36; Abhandl. aus d. Gebiet d. Naturwiss. Hamburg I p. 128 Taf. 10 Fig. 14. Bulimus Knorri Pfr. Phil. icon. II 4, 3 1846; Pfr. mon. II p. 95; Reeve fig. 270 a, b, c. — Bulimus Curianensis Reeve fig. 390 a, b, c. — B. correctus Pfr. mon. III p. 330; Chemn. ed. nov. Taf. 39 Fig. 3, 4. (Taf. 1, Fig. 9—13.)

Cumana, mit Bulimus fulminans, Jonas. Caracas. Moritz und Ernst. La Guayra (ganz nahe bei Caracas), Pfeiffer. Puerto Cabello (bei Chino), Appun (S. 548) und Martin im Berliner Museum. Curiana (?) auf Palmen, Dyson. Angostura (im Binnenland am Orinoko) von Heynemann erhalten. Lebt nach Reeve (Ann. Mag. n. h. 1851) in den Bergen von Venezuela, in einer Höhe von 2000, wo der Boden sandig und steinig, die Vegetation noch spärlich ist und hauptsächlich in stachligem Gesträuch besteht.

Eine der buntesten und variabelsten Arten; 30 mir vorliegende Exemplare von Caracas und Puerto Cabello ergeben folgende Variationen: Länge 29—39 Mill.; die Breite ist wegen der verschiedenen Ausdehnung des Mundsaums schwer gleichmässig zu bestimmen, wenn wir sie hier ausnahmsweise gerade über der Einfügung des Aussenrandes messen, so erhalten wir bei den meisten Exemplaren ziemlich genau ½ der Länge, bei einigen etwas weniger. Der Aussenrand ist oft nach unten auffallend verbreitert und je mehr das der Fall ist, desto mehr erscheint das untere Ende der Mündung abgerundet, in andern Fällen erscheint es mehr zugespitzt; damit hängt zusammen, dass der Nacken oft keilartig zusammengedrückt ist, wie bei vielen Clausilien, oft mehr abgerundet. Die Färbung der Schale ist sehr verschieden, bald weisslich mit mehreren violettbraunen Spiralbändern, von denen sich die obern in Flecken auflösen können; bald blass fleischroth oder blassbraun, mit mehr oder weniger dunklen Längsstriemen; der Mundsaum citronen- oder pomeranzengelb, fleisch- oder karminroth, in der Regel nach innen von einer dunkeln schwärzlichen Binde begleitet. Endlich gibt es Exemplare, die ganz und gar rein weiss sind. Die Exemplare, deren Mündung nach unten am wenigsten verschmälert ist, sind gelblippig, die, bei denen jenes am meisten der Fall ist, rothlippig; im Uebrigen kombiniren sich aber die Unterschiede der Form mit denen der Färbung und wiederum die der Färbung der Schalenoberfläche mit denen der Mündungsfarbe mannichfaltig, es gibt gebänderte gelblippige, gebänderte rothlippige, gestriemte gelblippige und gestriemte rothlippige. Ebenso wenig lassen sich zwischen der Form des Nackens und der Färbung ausschliessliche Beziehungen finden. Bänder lassen sich fünf bis sechs mit bestimmten Stellen unterscheiden, das oberste sehr nahe unter der Naht, meist breiter als die folgenden, das zweite und dritte unter sich näher als dem ersten; am dritten fügt sich der Aussenrand ein; das vierte wieder in grösserer Entfernung, nahe dem Nackenkiel, breit oder in zwei mit geringem Zwischenraum zerfallen, das letzte innerhalb des Nackenkiels. Die drei obern können sich in Fleckenreihen auflösen, oder auch mehr oder weniger schwinden, während die beiden untern bleiben; die untern fehlen nie, wenn die obern vorhanden sind. Bemerkenswerth ist ein Exemplar dadurch, dass in dem grössern Zwischenraum zwischen dem dritten und vierten (dunkelvioletten) Band sich ein neues citronengelbes einschaltet; dadurch tritt diese Art in die geringe Zahl derjenigen mit mehrfarbigen Bändern, wie Achatina virginea und Bulinus laevus.

Der Kiefer ist nach G. Schako's Untersuchung ähnlich gebildet, wie derjenige von virginalis, vergl. unten, sehr dünn, schwach braungelblich, mit etwa 42 Faltenstreifen, Taf. 2,

Fig. 18 a. Die Querstreifung ist nicht nur auf den Rippenfalten stärker, sondern auch in den Zwischenräumen derselben bemerkbar. Bei starker Vergrösserung zeigt sich auch eine Längsstreifung, sowohl auf den Rippenfalten als in den Zwischenräumen.

Der Mittelzahn der Zunge, Fig. 18 b, ist sehr schmal, dreispitzig, der Nagel daran kaum angedeutet, der Haken sehr abgerundet, vielleicht abgenutzt, indem nur ein Stückchen der Zunge zur Untersuchung vorlag: Länge des Mittelzahns 0,033 Mill., Breite der Basalplatte 0,006, des Kopfes 0,012 Mill. Die Nebenzähne, Fig. 18 c, ähneln ebenfalls denen von virginalis, ihre Basalplatten sind etwas kleiner, der ziemlich veränderliche kleine Nebenhaken theilt sich bald in einen grossen und zwei sehr kleine Nebenhaken.

Wir fügen hier noch die Beschreibung von Zunge und Kiefer des B. convexus Pfr. aus Neu-Granada bei, ebenfalls nach der Untersuchung von G. Schako, da diese Art conchyliologisch in dieselbe Gruppe mit trigonostomus gehört, und vollständigeres Material derselben untersucht werden konnte: der Kiefer, Taf. 2, Fig. 19 a, ist stärker gebogen, am untern Rand (innern Bogen) sehr convex, oft eingerissen, am obern (äussern) nur seitlich stark gekrümmt, in der Mitte fast gerade oder gar eingedrückt; er ist in der Mitte am schmalsten und verbreitert sich gegen beide Enden. Seine Spannung beträgt 2,2 Mill., die Breite in der Mitte 0,28, an der breitesten Stelle 0.44 Mill. Er besteht aus 25 zusammenhängenden Rippenplatten, welche vom untern Rande (innern Bogen) aus bis zur Mitte durch Einkerbungen geschieden sind, aber am obern Rande vollständig zusammenhängen und fest verwachsen sind, so dass dieser Rand fest und glatt ist; auch die mittleren Rippenfalten verlaufen schief, mit denen der andern Hälfte ein Dreieck bildend. Die ganze Struktur kommt der bei Orthalicus vorhandenen nahe.

Die Zahnreihen der Zunge, Fig. 19 b, bilden fast gerade Linien, an einzelnen jedoch etwas gebrochen, so dass ein schwacher gegen die Spitze der Zunge gerichteter Winkel in der Mittellinie bemerkbar wird. Jede Querreihe enthält $57 + 1 + 57 = 115$ Zähne, und es sind 97 solcher Querreihen. Der Mittelzahn, Fig. 19 c, ist kleiner als die Nebenzähne, meiselförmig, ohne Spur von Seitenhaken, mit Einschluss seiner Basalplatte 0,033 Mill. lang, ohne dieselbe 0,027, am obern Theil (Schild) 0,024 breit, am Haken 0,015 breit, der Nagel spitz und kräftig. Die Nebenzähne, Fig. 19 d, e, legen sich schräg gegen die Achse der Zunge und haben glashelle Schaufeln, durch welche man die Basalplatte deutlich sieht; diese Schaufel ist 0,027 Mill. lang und 0,021 breit, oval und hat an der äussern Seite eine kleine Nebenspitze mit scharfem Nagel. Diese Seitenspitze nimmt bei den folgenden Zähnen nach dem Seitenrand der Zunge zu immer mehr an Grösse zu. Sonst ändert sich die Form der Seitenzähne nicht.

Im dritten Band unterscheidet Pfeiffer einen Bul. correctus, p. 330, auch von Venezuela, bezieht auf diesen die Knorr'sche Abbildung VI 29. 3, welche ihm früher Veranlassung zu dem Namen B. Knorri gegeben und setzt correctus in § 14 unter die normales, Knorri in § 25, durch 276 Arten getrennt, unter die abnormes irregulares, es scheinen aber individuelle Variationen Einer Art zu sein.

In Reeve's B. Curianensis kann ich nichts anderes sehen, als ein ungewöhnlich schlankes Exemplar unserer Art. B. decoratus Lea ist den braungestriemten rothmündigen Exemplaren unserer Art sehr ähnlich, scheint sich aber durch einige helle Spiralbänder (2—3) zu unterscheiden: Lea selbst, observ. Najad. II p. 86, pl. 23, f. 108, gibt Cartagena als Fundort an, was an der Nordküste Neu-Granadas, in ähnlichen Verhältnissen wie Caracas und Puerto Cabello liegt. Pfeiffer mon. II p. 182 und Reeve fig. 275 fügt dem von Lea angegebenen Fundort noch den „Chimborazo" hinzu, der 11 Grad südlicher liegt. Lea's Abbildung hat übrigens merkliche Aehnlichkeit mit miltochrous Albers vom obern Maranhon.

Bulimus fabrefactus Reeve f. 319 wird vom Autor selbst aus der Provinz Merida, von Pfeiffer dagegen, IV p. 443 aus Bogota. also ziemlich südlicher in Neu-Granada, angegeben und soll nach Pfeiffer vielleicht nur eine Varietät des bolivianischen canaliculatus Pfr. sein, so dass er kaum in die Fauna von Venezuela gehören dürfte.

Otostomus (Drymaeus) depictus Reeve conch. ic. V f. 529 1849; Pfr. mon. III p. 337. — B. pervariabilis Pfr. Proc. Z. S. 1851; mon. III p. 337; Martens Mal. Bl. VI 63. — ? B. gracilis Lea observ. Naj. II 1837 p. 85 pl. 23 f. 102 (Taf. I. Fig. 15—19).

Caracas, zahlreich, Ernst. Jali, Prov. Merida, Engel.

Es liegen mir 93 Exemplare von Caracas vor, leider alle mehr oder weniger verbleicht und manche unausgewachsen, die grössten 34 Mill. lang, die Breite durchschnittlich ¼ der Länge, etwas schwankend, die Mündung fast immer kürzer als die halbe Schalenlänge, zuweilen bis auf ⅖ sinkend, nur bei Einem, aber einem vollständig ausgebildeten Exemplar die Hälfte jener erreichend. Die Zeichnung ist bei fast allen genau dieselbe, braune Striemen, welche an drei Stellen so regelmässig und gleichmässig unterbrochen sind, dass dadurch drei Spiralbänder entstehen, welche der Grundfarbe angehören; Reeve's Abbildung gibt diese Zeichnung genau wieder. Die Spitze ist immer schwefelgelb, welche Farbe erst bei völliger Verbleichung, wenn auch die Zeichnung erlischt, schwindet; die blassgelbe Grundfarbe hat sich hie und da, namentlich an den untern Particeen der letzten Windung, erhalten, war also hier wahrscheinlich intensiver. Zuweilen werden die Striemen so breit, dass sie miteinander zusammenzufliessen beginnen; von eigentlichen Variationen der Zeichnung finde ich nur Ein Exemplar, an dem die obere Unterbrechung der Striemen ganz fehlt und ein zweites, an dem dieselbe unvollkommen ist, indem jeder Strieme an der betreffenden Stelle einen nach vorn offenen Einschnitt hat.

Die früher von mir besprochenen Engel'schen Exemplare aus Jali zeigen alle die Mündung mindestens halb so lang als die ganze Schale, oft mehr, und die Zeichnung ist mannichfaltiger, indem an den Striemen die Unterbrechungen zahlreicher, meist 4, und oft breiter, aber oft unvollkommen sind, so dass bei einigen mehr Fleckenreihen entstehen und nur die unterste Unterbrechung als scharf markirtes gelbes Band erscheint.

Ferner liegen mir von Caracas 5, von Jali 2 Exemplare vor, an denen die Striemen gar nicht unterbrochen und dafür unter sich ungleichmässig, schwächer oder stärker sind, bei denen aber auch zugleich die Form etwas abweicht; die von Caracas sind sehr schlank, bei einem die Breite nur ⅖ der Länge, und die Spitze ist nicht gelb gefärbt, so dass sie etwas an leucomelas Alb. erinnern; diejenigen von Jali erinnern an B. roseatus Rv.

Reeve giebt Neu-Granada als Fundort seines depictus an, er rechnet aber bekanntlich immer Merida zu Neu-Granada.

Die Abbildung von Lea's B. gracilis, von Cartagena an der Küste Neu-Granadas, gleicht einzelnen der Exemplare von Caracas so sehr, dass es möglicherweise dieselbe Art ist. B. tristis Pfr. mon. III p. 403 aus Neu-Granada ohne nähere Fundortsangabe, erinnert in der Zeichnung sehr an unsere Exemplare von Caracas, nur hören die Striemen bei der dritten Unterbrechung ganz auf, und ferner ist die Columelle weit stärker gekrümmt, daher die Mündung geräumiger und von anderer Gestalt.

B. Granadensis Pfr. 1847, Reeve fig. 234, von der Provinz Merida, ist vielleicht ein unausgewachsenes Exemplar unserer Art.

Otostomus depictus var. *ictericus* n. (Taf. I. Fig. 16 u. 17.)

Sechzig Exemplare, welche Hr. Ernst aus Caracas eingeschickt hat, lassen mich immer noch in Zweifel, ob sie nur als Abart der vorigen zu betrachten seien oder nicht; die Gestalt ist wesentlich dieselbe, der Mundsaum ist auch an einigen wenigen, vermuthlich den vollständig ausgebildeten, schwach umgebogen, die Länge der Mündung wechselt ebenso zwischen ⅔ und ¼ der Gesammtlänge, die Anwachsstreifen sind ebenso unregelmässig, öfters etwas faltenförmig, eine regelmässige Spiralstreifung ist so wenig als bei jener vorhanden, die Spitze ist ebenso gelb gefärbt, aber die ganze Schale ist weiss, mit mehr oder weniger nach unten zunehmendem gelblichem Anflug, das Innere der Mündung einschliesslich der Mündungswand fast immer entschieden schwefelgelb. Dabei ist zu bemerken, dass Hr. Ernst dieselben unter einer eigenen Nummer wie eine besondere Art eingeschickt hat, und dass doch Uebergänge zwischen beiden Formen fehlen, so dass es den Anschein hat, als ob sie von einander gesondert vorkämen.

Das Engel'sche Exemplar, von mir früher Mal. Bl. VI S. 65 als Vincentinus β erwähnt, ist etwas lebhafter gelb gefärbt und hat genau dieselbe Form, wie einzelne Engel'sche Exemplare von depictus; es passt recht gut zu Reeve's Abbildung fig. 366b, ebenfalls in Venezuela, von Linden gesammelt, so dass ich auch jetzt noch sehr geneigt bin, in dieser dasselbe zu vermuthen. Ferner kann ich nicht umhin zu bemerken, dass Reeve's fig. 366a täuschend ähnlich einem unausgewachsenen Bul. trigonostemus sieht. Keine von diesen beiden Arten hat aber die eingeschnittenen Spirallinien, welche Pfeiffer und Reeve selbst in seinem Texte für Vincentinus verlangen.

Otostomus (Liostracus) Meridanus Pfr. Proc. Zool. Soc. 1846 p. 33; mon. II p. 113. Reeve conch. ic. V. Bulimus fig. 386. — Bulimus primula Reeve ibid. fig. 385.

Merida. Pfeiffer sagt in der Monographie a. a. O.: hab. Merida „Andium Bolivae", Reeve dagegen Merida in Neu-Granada, wie er überhaupt das nach der gegenwärtigen Eintheilung zu Venezuela gehörige, aber nahe der Gränze von Neu-Granada gelegene Merida regelmässig zu letzterem rechnet. Ob es etwa noch ein anderes Merida in Bolivia gibt, das die wahre Heimat dieser Art wäre, weiss ich nicht.

Otostomus (Mesembrinus) Menkei Gruner in Wiegmann's Archiv f. Naturgeschichte VII 1841 S. 227 Taf. 11 Fig. 2; Pfr. mon. II p. 176; Chemn. ed. nov. 49, 19, 20; Reeve fig. 285.

Angostura am Orinoko.

Otostomus (M.) Deshayesii Pfr. Reeve conch. ic. fig. 250.

Venezuela.

Fehlt noch unserer Sammlung.

Otostomus (M.) virgulatus Fer pl. 150 f. 7. 8. ?

Ein junges Exemplar, aus Caracas von Ernst mit jungen anderer Arten eingesandt, stimmt sehr befriedigend mit den oberen Windungen dieser Art; es zeigt zwei braune Bänder, das eine in der Mitte des sichtbaren Theils der früheren Windungen, das zweite auf ihrem unteren Theil, in die Mitte der Mündungswand hineinlaufend; dieselben Bänder sind bei virgulatus häufig, allerdings noch mit einem dritten in der Höhe der Einfügung des Aussenrandes, das hier fehlt.

Binney nimmt für diese Art den Namen multilineatus Say 1825 in Anspruch, der übrigens nur auf ein unausgewachsenes Exemplar aus Florida begründet ist, und hält wohl mit Unrecht B. Menkei für nicht hinreichend verschieden (land and freshw. shells of N. Am. 1869 p. 198. 199).

Otostomus (Mormus) virginalis Pfr. Mal. Bl. III 1856 S. 44; mon. IV p. 404; cf. Novitat. conch. III 96, 1. 2. Vgl. B. fragilis Lam. Delessert pl. 28 fig. 2 und B. virgo Lea observ. Naj. II 1837 p 84 pl. 23 f. 97. (Taf. I. Fig. 5.)

Caracas, Klocke bei Pfeiffer, Gollmer, Lansberg und Ernst im Berliner Museum. (? Cartagena an der Nordküste Neu-Granada's, Gibbon bei Lea.)

Eine glatte schlanke weissliche Art von zartem Aussehen, mit feinen regelmässigen

Spirallinien, in der Grösse nach den vorliegenden Exemplaren von 23—26 Mill. wechselnd, die Breite ⅔—⅚ der Länge, die Mündung stets merklich kürzer als die halbe Länge. Auch hier der Mundsaum an einigen Exemplaren sehr leicht ausgebogen. Die Farbe bald milchweiss, bald blass wachsartig, die Spitze gelblich. Unter gegen 30 Exemplaren zeigen nur einige drei Reihen hellbrauner Flecken wie B. maculatus Lea.

Pfeiffer hat in den Novit. l. c. eine Varietät von Chiapa im südlichen Mexico abgebildet, bei welcher der letzte Umgang nach unten sackartig sich erweitert; einzelne Exemplare von Caracas zeigen schon eine Annäherung an diese Form.

Der Kiefer ist nach G. Schako's Untersuchung halbmondförmig (Taf. 2, Fig. 21 a), 2 Mill. in der äussern Spannung, 0,556 Mill. zwischen beiden Rändern hoch: der untere Rand (innerer Bogen) ist schwächer gekrümmt als der obere (äussere Bogen), welcher dagegen in der Mitte fast geradlinig ist. Er zeigt 40—50 Verdickungen oder Quetschfalten, von denen die mittleren in einem nach unten gekehrten Winkel zusammenstossen; die Zwischenräume derselben sind oft bis zu ½ ihrer Höhe eingerissen oder eingekerbt. Jede dieser Falten trägt wiederum Querrunzeln und verläuft in eine gegen den äussern Rand schwach convexen Bogenlinie. Die Farbe des Kiefers ist matt gelb, durchscheinend, die Falten dunkler.

Die Zunge, Fig. 21 b, ist 3,5 Mill. lang, 2,7 Mill. breit und trägt in einer Querreihe 75 + 1 + 75 = 151 Zähne; etwa 190 Querreihen sind vorhanden; dieselben sind gebrochen, sodass sie in der Mittellinie der Zunge einen mit der Spitze nach vorn gerichteten Winkel von etwa 140° bilden. Der Mittelzahn, Fig. 21 c, ist schmal und klein, 0,024 Mill. lang, an der Basis 0,016 breit, dreispitzig; die mittlere Spitze ist zugespitzt, die Seitenspitzen sind klein und legen sich dicht an die Hauptspitze an. Der Mittelzahn überragt in seiner Länge die Nebenzähne, diese sind dagegen breiter. Sie bilden sich sofort. Fig. 21 c, zu dreispitzigen Haken aus, vom dreissigsten bis vierzigsten zu vierspitzigen, wobei die äussere Spitze alsbald in zwei gleich grosse zerfällt, Fig. 21 e. Die Seitenansicht eines Nebenzahnes ist in Fig. 21 f gegeben. Oft finden sich Verkrümmungen ganzer Strecken der Zunge, z. B. fünf bis sechs Querreihen, die nur aus ganz kleinen Zähnchen bestehen, so dass das Wachsthum der Zunge nicht schroff unterbrochen, sondern den klimatischen Wechseln bis zu einem gewissen Masse angepasst zu werden scheint.

Es möge hier noch erwähnt werden, dass die Zungenzähne einer andern auch conchyliologisch nicht allzu entfernt stehenden Art, B. Costaricensis, mit denen von virginalis sehr gut übereinstimmen; der Winkel, den die Zahnreihen in der Mittellinie bilden, ist etwas grösser, 160°, der Mittelzahn ist 0,027 Mill. lang, an der Basis 0,018 und am Haken 0,012 breit, die Nebenspitzen sind noch spitziger.

Otostomus (Mormus) floridus Menke Verzeichn. d. Conchylien-Samml. des Freiherrn v. d. Malsburg 1829. S. 6. — Helix liliacea var. flavescens Fer. prodr. n. 401: hist. nat. pl. 42 b fig. 14; Bulimus liliaceus Reeve fig. 287. (Taf. 1. Fig. 14.)

Caracas, Lansberg und Gollner.

Sehr ähnlich dem vorhergehenden, aber die Gestalt voller und bauchiger, die Farbe intensiver gelb; die Spiralstreifung gleich; 25 Mill. lang, halb so breit, Mündung etwas weniger als die halbe Gesammtlänge, Mundsaum sehr schwach ausgebogen.

Von dieser Art war nur ein Bruchstück der Zunge für die Untersuchung zu gewinnen. Hr. G. Schako fand dieselbe derjenigen von B. virginalis sehr ähnlich, den Mittelzahn, Taf. 2. Fig. 20, 0,024 lang und an der Basis 0,009 breit, also etwas schmaler, mit fast parallelen Seiten, dagegen die Seitenspitzen stärker divergirend.

Im Berliner Museum unter No. 10338 befinden sich Exemplare aus der Malsburgischen Sammlung mit dem obigen Namen, welche mit Ferussac's fig. 14 recht gut übereinstimmen.

namentlich zeigen noch einige derselben die charakteristische rosenrothe Färbung in der Nähe der Mündung, ihr Fundort ist nicht bekannt. Die Lansberg'schen Exemplare sind nun diesen wiederum ganz ähnlich, nur blasser und ohne jenes Rosenroth. Doch muss ich sie für dieselbe Art halten. Pfeiffer hat schon in mon. II p. 202 mit Recht angenommen, dass Ferussac's fig. 11 ihrer weissen Farbe wegen der eigentliche liliaceus von Portorico sein müsse was Shuttleworth diagnos. p. 36 nach den von Blauner dort gesammelten Exemplaren bestätigt, und Pfeiffer daher fig. 12–14 (deren Farbe man eher mit Tulpen als mit Lilien vergleichen könnte) deshalb dort zu stramineus Guilding von St. Vincent verwiesen; dieser ist aber nach mon. VI p. 44, Reeve fig. 632 ganz verschieden, und so bleibt uns für die vorliegende Art nur der Menke'sche, glücklicherweise noch nicht anderwärts vergebene Name; ihre Fundorte Portorico und Insel St. Vincent werden damit sehr zweifelhaft. Nach Pfr. VI p. 130 wäre der ächte weisse liliaceus in Mexiko und die gelbe Abart (*vielleicht* unser flavidus) auf der kleinen westindischen Insel Witts wiedergefunden worden.

Otostomus (Mormus) debilis Beck ind. moll. p. 65; Fer. hist. nat. pl. 142 B. fig. 10. (mon Chemn. ed. nov. 63, 21. 22).

Caracas, Lansberg im Berliner Museum Nro. 10339.

Sehr ähnlich dem vorigen, aber die Gestalt voller, die Farbe mehr gelblich, der Mundsaum, wie es scheint, ganz grade. Spiralstreifung dieselbe; Länge 28 Millim., Breite gleich der Mundlänge, beinahe oder völlig die Hälfte der Länge. Die Gestalt hat viel von derjenigen unseres Bul. detritus, die Farbe wird auf der untern Hälfte der letzten Windung meist entschieden gelb. Eins der drei Exemplare zeigt Spuren von Flecken auf den oberen Windungen.

Otostomus (Mormus) membranaceus Phil. icon. II S. 126 Taf. 5, Fig. 2 1846, (ohne Fundort). Pfr. mon. II, p. 102; Reeve fig. 544 —? Binney and Bland Am. Journ. Conch. 1871 p. 182 (Kiefer).

In der Albers'schen Sammlung Nro. 529, befindet sich ein Exemplar dieser Art mit der Angabe „Caracas misit Moritz ad hortum botanicum Berolinensem." Philippi, Pfeiffer und Reeve kannten das Vaterland ihrer Exemplare nicht; nur im sechsten Band S. 57 sagt Pfeiffer „habitat in provinciis Mexicanis pacificis", und in neuster Zeit erhielt das Berliner Museum durch den Tauschverein der malakologischen Gesellschaft ein Exemplar aus Mirador in Mexiko, wo es von Sartorius gesammelt worden. Dieses Exemplar weicht aber in mehreren Punkten von dem Albers'schen ab, es ist mehr wachsfarbig, seine Umgänge sind breiter und weniger hoch, die Mündung ist weiter, der Mundsaum leicht ausgebogen (beim Albers'schen grade), der Columellarumschlag breiter und die Nabelöffnung grösser. Das Albers'sche Exemplar passt dagegen recht gut zu Philippi's Abbildung und so erscheint es mir noch etwas fraglich, ob dieselbe Art oder nur eine sehr ähnliche auch in Mexiko vorkommt. In der Albers'schen Sammlung befindet sich mit der Etikette Bul. debilis Beck, Niederländisch Guyana, von einem Missionair gesammelt, durch Scheepmaker erhalten, ein ausgewachsenes Exemplar, das in seinen Proportionen weit besser zu unserm membranaceus, als zu debilis passt. Hierauf bezieht sich die Vaterlandsangabe Surinam in der zweiten Ausgabe von Albers S. 216. Anthony bestimmt einen brasilianischen Bulinus als membranaceus, Am. Journ. Conch. 1871, p. 182.

B. membranaceus hat die zarte einfarbige Schale und die feine regelmässige Spiralstreifung mit den zwei vorhergehenden Arten, virginalis und flavidus, gemein, ist aber grösser und bauchiger als beide. Länge 31 Millim., Breite ⅗ derselben, Länge der Mündung ein klein wenig mehr, doch noch nicht die Hälfte. Grösser und gelbgefärbt, aber in der Form ganz übereinstimmend ist Reeve's B. electrum fig. 373, ebenfalls aus Venezuela.

Otostomus (Mormus) roseatus Reeve fig. 353, Pfr. mon. III, p. 336; Chemn. ed nov. 66, 3. 4.

Venezuela. Reeve. Neu-Granada. von Ed. Müller erhaltene Exemplare in der Albers'schen Sammlung.

Noch mit denselben Spiralstreifen, durch die zarte rosenrothe Färbung und die blassbraunen oft abgebrochenen Striemen leicht zu erkennen. Die Gestalt wechselt nicht unbedeutend; während Pfeiffer als Länge 33 Millim., als Breite 12, wenig mehr als ein Drittel, und für die Mündung 17, ein wenig über die Hälfte, angibt, zeigt eines der Albers'schen Exemplare bei nur 28 Millim. Länge schon 13 Breite, also fast die Hälfte, es scheint noch nicht erwachsen zu sein und das andere bei 32 Millim. Länge schon 14 Breite und die Mündung noch nicht die Hälfte der Länge; dieses ist in der genannten Sammlung als Recluzianus bezeichnet.

Otostomus demotus Reeve. Pfr. mon. III p. 340; B. feriatus Reeve fig. 354. non 316.

Venezuela, Reeve. Neu-Granada. von Ed. Müller in der Albers'schen Sammlung.

In der Form ähnlich dem membranaceus, etwas breiter, durch Fleckenreihen und eine braune Nabelbinde ausgezeichnet; Spiralstreifen wie bei den vorhergehenden. Erinnert an maculatus Lea observ. II. 23. 112 von Cartagena, der aber schlanker zu sein scheint.

Otostomus incarnatus Pfr. mon. IV. p. 402.

Venezuela. Noch nicht abgebildet und mir nicht näher bekannt.

Endlich findet sich unter den von Hrn. Ernst aus Caracas eingesandten Conchylien noch ein unausgewachsenes Exemplar eines Bulimulus, weiss, ohne Spiralstreifen, mit einer merklichen Kante, die Nabelgegend braun, die Spindel rosenroth. Es erinnert in der Form an parvus Lea observ. II 23. 96 von Cartagena, der eben sowohl auch auf einem unausgewachsenen Exemplar beruht, die Färbung ist eigenthümlich; ich weiss sie bis jetzt bei keiner bekannten Art unterzubringen.

Otostomus? (Leptomerus) cacticolus Reeve conch. ic. f. 393. 1849; Pfr. mon. III p. 111.

Puerto Cabello, Moritz im Berliner Museum. - Curiana - in Venezuela auf Cactus-Dysen bei Reeve. — Var. minor: Caracas, Ernst.

Einfarbig braun, konisch, Mundsaum dünn. Aussenwand grade. Mündung die Hälfte der Gesammtlänge oder etwas mehr. Reeve's Abbildung zeigt eine Länge von 28 Millim., vielleicht unwillkürlich etwas vergrössert; Pfeiffer gibt 25 Millim., das Moritz'sche Exemplar zeigt 21, die Ernst'schen nicht über 15½, zugleich ist bei diesen die Mündung verhältnissmässig kleiner, die Mündung nicht ganz die Hälfte der Gesammtlänge.

B. Eyriesi Drouet moll. de la Guyane franc. I. 12. 13 ist dieser Art verwandt, aber etwas schlanker und damit dem heloeeus ähnlicher.

Nach Reeve (Ann. Mag. n. h. 1851) sind die äussern Weichtheile dieser Art bunt gefleckt, und lebt sie haufenweise an Cactus, in deren Substanz sie sich einfrisst, an den Bergabhängen, zunächst dem Meere, wo die Landwinde nicht Zugang finden und die Temperatur nicht unter 26° C. sinkt.

Orthalicus.

Kiefer aus einzelnen schief geordneten Platten zusammengesetzt. Schale länglich-konisch, weitmündig, bunt, mit geradem dünnem Mundsaum. Verhältnissmässig grosse Arten. Ueber Kiefer und Zunge vgl. Troschel in seinem Archiv f. Naturgeschichte XV. 1849. (Gallina-sultana). Binney and Bland Am. Journ. Conch. 1870 p. 212. 213 pl. 9. fig. 10—12.

Orthalicus	Schalenform	Färbung	Mündung zur Gesammtlänge	Länge	Breite in Millimetern
Ferussaci	konisch	weisslich mit dunklen deutlichen Striemen und drei Bändern	1 : 2	52	32
Maracaibensis	eiförmig	do.	12 : 23	58—67	31—34
obductus	konisch	gelbbraun mit undeutlichen Bändern	1 : 3	68	40
varius	gestreckt konisch	weisslich oder gelb mit breiten Fleckenreihen	4 : 9 — 3 : 7	34—51	19—25

Orthalicus Ferussaci Martens Mal. Blatt 1865 S. 42; Pfr. mon. VI p. 199. — Helix undata Fer. e parte, pl. 115 fig. 1 u. 4. Bulimus undatus Küster Chemn. ed. nov. 2, 4, 5. Orth. zebra Brown catal. collect. p. 63. Bulimus zebra Orb. moll. cub. pl. 6, fig. 9, 10. Orth. undatus var. β Shuttleworth notit. mal. p. 43 Taf. 3 Fig. 5. (Taf. 1 Fig. 6).

Caracas, Lansberg; am Valenciasee, Moritz. Angostura, Gruner. Brit. Guyana, Schomburgk, Cayenne, Eyries bei Drouet und Rio de la Hache, von Wessel erhalten im Berliner Museum. Auch in Mexiko.

Seitdem ich am angeführten Orte obige Art unterschieden und als festländische dem insularen B. undatus Fer. 114, 5, 6. Shuttl. l. c. fig. 4. entgegengesetzt habe, ist das mir zu Gebot stehende Material noch etwas reicher geworden, aber eben dadurch haben, wie es so oft geht, die unterscheidenden Charakter an Bestimmtheit eher ab- als zugenommen. Der Hauptunterschied liegt in der allgemeinen Gestalt, die mehr konisch als eiförmig ist, ungefähr die Mitte zwischen princeps und undatus haltend, und was damit zusammenhängt, in der bedeutendern Grösse der Mündung. Die Länge der Mündung, vertikal, nicht in der Mündungsebene gemessen, und die Breite der Schale sind unter sich gleich und entweder etwas mehr oder doch mindestens so viel als die Hälfte der Gesammtlänge; die Striemen sind dunkler braun, nicht so verwaschen und blass und meist auch nicht so zahlreich, wie bei dem insularen undatus, zuweilen fast ganz fehlend, die Spitze in der Regel dunkel kastanienbraun; auf der letzten Windung finden sich meist drei scharf gezeichnete, nicht bloss aus Flecken gebildete Bänder. Die Exemplare, welche das Berliner Museum einschliesslich der Albers'schen Sammlung aus den westindischen Inseln, nämlich Jamaica und St. Thomas besitzt, zeigen sich alle durch die schlankere eiförmige Gestalt, die verhältnissmässig kleinere Mündung und so ziemlich auch in der Färbung als undatus im engen Sinn, dagegen zeigen allerdings die zwei oben angeführten Abbildungen in der Form mehr Uebereinstimmung mit meinem Ferussaci und sind doch noch Exemplare aus dem westindischen Faunengebiet, Cuba und Key West, verfertigt. Weiteres Material muss lehren, ob die Unterschiede geographisch festgehalten werden können.

F. Appun fand eine Art Orthalicus nicht selten auf Bananenblättern bei Chino (Unter den Tropen I. S. 141; „Bulimus undatus") vermuthlich diese Art oder obductus.

Orthalicus Maracaibensis Pfr. mon. IV p. 588. (Taf. 1, Fig. 7).

Maracaibo, von Gruner in der Albers'schen Sammlung.

Das genannte Exemplar gleicht bis zur ersten Hälfte der letzten Windung vollständig einem normalen O. Ferussaci, von da an senkt sich die Naht bedeutend mehr, so dass die Mündung verhältnissmässig kurz, und die Breite der ganzen Schale geringer wird, beide weniger als die Hälfte der Schalenlänge; trotzdem ist sie dadurch dem westindischen O. undatus nicht ähnlicher, da die grösste Breite der letzten Mündung bei O. Maracaibensis tiefer liegt, der Umriss daher mehr sackförmig, nicht so gleichmässig gerundet und namentlich auch die Columelle fast gerade, nicht so gebogen wie bei undatus ist. Pfeiffer gibt für seinen Maracaibensis, den er ebenfalls von Gruner erhalten, die Mündung sogar bedeutend länger als die Hälfte der Schalenlänge an (36 und 67 Millim.), es dürfte demnach mein Ferussaci mit diesem Maracaibensis ganz zusammenfallen und das Exemplar der Albers'schen Sammlung als abnormes zu betrachten sein.

Orthalicus obductus Shuttleworth notit. malac. p. 61 Taf. 3 Fig. 1; Pfr. mon. IV p. 587.

Am Valenciasee (unweit Puerto Cabello), Moritz im Berliner Museum, schöne Exemplare ganz mit Shuttleworth's Abbildung übereinstimmend. — „Barquinieseto in Columbien, 2500 (Toisen?) über Meer," Ed. Müller bei Shuttleworth (vermuthlich Barquisimeto oder Barquisimento südwestlich von Valencia). Shuttleworth zieht ferner noch Exemplare von Panama, Neu-Granada und Caracas mit mehr oder weniger Zweifel zu dieser Art.

Sie ist leicht zu erkennen an ihrer Grösse (bis 70 Millim.) und trüben gelbgrauen Grundfarbe, von der sich die der ganzen Gruppe charakteristische Zeichnung nur schwach abhebt; Shuttleworth citirt dazu Fer. 117, 2, was O. gallina-sultana ist, ohne Zweifel meint er 117, 1, welche zwar einem jungen obductus, aber noch mehr dem nordbrasilischen pulchellus Spix gleicht.

Hr. G. Schako hatte die Güte, Zunge und Kiefer (Taf. 2, Fig. 15) zu untersuchen und darüber Folgendes mitzutheilen:

Der Kiefer (Fig. 15a) ist aus 15 Platten zusammengesetzt, einer mittlern und je sieben seitlichen, wobei jede einen Theil der nächsten dachziegelartig deckt. Dieselben sind nur an der äussern Seite schwach an der unterliegenden Membran befestigt und nicht ganz gleichmässig geformt, namentlich rechts und links die entsprechenden nicht vollständig gleich.

Die Zunge (Fig. 15b) ist 10 Mill. lang und an ihrer breitesten Stelle 8 Mill. breit; die Querreihen der Zähne darauf divergiren nach vorn, so dass sie in der Mittellinie einen Winkel bilden, dessen Spitze nach hinten, der Basis und Matrix der Zunge gerichtet ist; dieses ist ein bemerkenswerther Unterschied der Zunge von Orthalicus gegenüber derjenigen von Otostomus, z. B. virginalis, bei welcher die Reihen umgekehrt schief stehen, so dass sie nach vorn convergiren und in der Mittellinie in einem Winkel zusammentreffen, dessen Spitze nach vorn gerichtet ist. Der Mittelzahn (Fig. 15 c) ist fast nur ½ so gross als die Nebenzähne, ragt aber durch seine Stellung über dieselben vor und zeichnet sich durch seine flache schaufelförmige Schneide aus; dieselbe ist sehr durchsichtig und überdeckt den ganzen Umriss des Zahns, so dass die beiden Seitenränder ihres Halses, wie eine Console gestaltet, darunter deutlich durchscheinen, aber mit unbestimmten Gränzen, und das Ende der eigentlichen Platte kaum zu erkennen ist. Die Nebenzähne (Fig. 15d) sind nach demselben Typus gebildet, wie der Mittelzahn, nur etwas schief; die Schaufel ist noch grösser und nach der rechten, beziehungsweise linken Seite mehr ausgedehnt; die Console erhält nahe der Basis auf jeder Seite noch eine seitliche Verstärkung, die ebenfalls durch die Schaufel gelblich hindurchscheint und den Anschein gibt, als gehöre sie zur Schaufel selbst. An der Seitenansicht des Nebenzahns (Fig. 15e) ist deutlich zu erkennen, dass die Schaufel in eine scharfe Schneide ausgeht, während sie am Halse ziemlich dick ist. Die Seitenzähne behalten bis zum Zungenrande dieselbe Form, nur dass an der äussersten die Schaufel etwas kleiner ist und an der Aussenseite des Halses noch eine zweite, kleinere strebenartige Verstärkung hinzutritt, so dass es aussicht, als seien zwei kleine Seitenzähnchen vorhanden. Die Anzahl der Seitenzähne ist jederseits 82, also 165 Zähne in einer Querreihe; die Anzahl der Querreihen 121.

Orthalicus rarius m. Bulimus phlogerus (non Orb.) Pfr. mon. II p. 145; Chemn. ed nov. 47, 7. 8. Orth. phlogerus var β (et γ). Shuttleworth l. c. p. 65 Taf. 4, Fig. 1. 2. (Taf. 1. Fig. 4).

Caracas, Ernst, 2 jüngere Exemplare. Angostura, 8 zahlreiche Exemplare von Gruner erhalten, in der Albers'schen Sammlung. Demerara in British Guyana, in Cuming's Sammlung nach Shuttleworth. Orbigny fand die von ihm phlogerus benannte Art in der Provinz Chiquitos Bolivia's nahe der brasilischen Provinz Matogrosso, in 16—18° Südbreite, also weit entfernt von Venezuela.

Orbigny's Abbildung, pl. 29 fig. 6—8 zeigt einige Differenzen, die letzte Windung ist verhältnissmässig länger, die Mündung schmäler, der sichtbare Theil der Columelle dunkel gefärbt. Die vorliegenden Exemplare aus Venezuela entsprechen dagegen der var. β minor bei Shuttleworth und seiner Abbildung, welche offenbar diese Varietät darstellt, die Form ist für einen Orthalicus auffallend cylindrisch, die Mündung kurz, die Columelle stark gedreht, weiss, von der dunkelbraunen Mündungswand sich scharf abhebend, Länge höchstens bis 51 Millim., Breite kaum die Hälfte derselben. Mündungslänge noch weniger, ¦ — ? derselben: Grundfarbe (nach den Exemplaren von Angostura) bald weisslich, bald gelb, Zeichnung meist dunkel und scharf ausgeprägt, namentlich Reihen breiter schwarzer Flecken über der Nath und in der Peripherie des letzten Umgangs, doch schwindet die Zeichnung auch bei einzelnen (gelben) Exemplaren fast gänzlich. Die von Ernst eingesandten jungen Exemplare haben gelbe, an den obern Windungen sogar röthliche Grundfarbe.

Aehnlich dieser Art, aber durch etwas konische Gestalt und flachere Nähte unterschieden ist O. Bensoni Shuttl. von Surinam bis Pernambuco bekannt, = regina var. minor Fer. prodr. n. 342, hist. nat. pl. 119 fig. 1, 2 und daher noch von Drouet moll. Guyane 1859 S. 67 als B. regina von Cayenne angeführt, obwohl beträchtlich von dem ächten O. regina Fer. aus Bolivia und dem östlichen Peru verschieden.

Ich benutze diese Gelegenheit um eine peruvianische Art dieser Gattung zu beschreiben, die bis jetzt nicht näher bekannt war:

Orthalicus isabellinus n. (Taf. 1, Fig. 8).

Testa ovatoconica, tenuiuscula, levissime striatula, ad suturam plicatula, lineis spiralibus subtilibus confertissimis sculpta, isabellina, strigis nigricantibus dilutis, fasciis angustis fuscis 3 plerumque saepe interruptis, varicibus parcis fuscescentibus; spira conica, apice fusco vel albo; anfr. paene 6, convexiusculi, ultimus modice tumescens; apertura sat obliqua, dimidiam testae longitudinem paulo superans, rhomboideo-ovalis, intus fuscescens, castaneo-variegata; columella stricta, tenuis, alba; peristoma rectum, acutum, isabellinum vel pallide fuscescens, callo parietali submullo. Long. 49, diam. 23½, apert. long. 21½, lat. 13 Millim.

Peru, von Tschudi gesammelt, in der Albers'schen Sammlung; mehrere Exemplare vom Neufchateler Museum für das Berliner erhalten. Troschel führt diese Art, ohne näher auf sie einzugehen, als Bulimus zebra var. δ Pfr. „in allen Wäldern des Ostabhangs der Binnencordillere" in seinem Verzeichniss der von Tschudi gesammelten Conchylien, Arch. f. Naturgeschichte 1852 S. 195 an; Pfeiffer gibt in der That monogr. II p. 144 auch Peru als Vaterland seines zebra var. δ, aber als Citate dazu nur den B. princeps Brod., Sow. conchol. illustr. f. 18, der nach Sowerby's und Reeve's (fig. 90) übereinstimmenden Angaben nicht von Peru, sondern aus Conchagua in Central-Amerika, Staat Nicaragua, kommt, was mit seinem Vorkommen in Mexiko (Mal. Blatt. XII 1865 S. 40) besser übereinstimmt. Orbigny nennt einen Bulimus undatus ebenfalls vom Ostabhang des östlichen Zuges der Cordilleren in der Gegend von Santa

Cruz de la Sierra in Bolivia, erkennt auch Unterschiede desselben in der Färbung und Zeichnung von dem auf den westindischen vorkommenden an, da er aber die Zickzackstreifen desselben hervorhebt und der charakteristischen gelben Grundfarbe nicht erwähnt, so muss ich noch dahingestellt sein lassen, ob der Orthalicus dieser Gegend mit unserm isabellinus übereinstimme. Shuttleworth kennt keine Exemplare aus diesen Gegenden und bringt Orbigny's Schnecke fragweise bei dem nordostbrasilischen pulchellus Spix unter (S. 63).

Hier möge noch erwähnt werden, dass Orth. melanochilus Val. observ. zool. 55, 3 — zebra Shuttl. 8, 3, 4. in der Albers'schen Sammlung in mehreren Exemplaren liegt, die mit Farbholz aus Pernambuco gekommen sein sollen, während Valenciennes Neuspanien, Shuttleworth das Thal des obern Maranhon als Vaterland angeben.

Stenogyra.

Kiefer feingestreift. Schale langgezogen, einfarbig, gelblich, klein mit zahlreichen Windungen, die letzte verhältnissmässig klein; Mundsaum einfach.

Stenogyra	Schalenform	Ausschnitt unten an der Mündung	Skulptur	Länge	Breite in Millimetern
subula	schlank, zugespitzt	0	schwach gestreift	12	3
octonoides	schlank, oben stumpf	0	rippenstreifig	7	3
micra	breit gethürmt	0	gestreift	9—10	3—4
octona	fast cylindrisch	deutlich	schwach gestreift, glänzend	21	4—5

Stenogyra (Opeas) micra Orb. in Guérin mag. zool. 1835. voy. Am. mer. p. 262. pl. 41 fig. 18—20; Martens Mal. Blätt. 1868, p. 217. — Bulimus Caracasensis Reeve conch. ic. V fig. 580, 1849; Pfr. mon. III p. 404; Mal. Bl. VI, p. 65.

Caracas, Salle bei Reeve a. Ernst; aus Venezuela von Engel im Berliner Museum (Bahia, Strobel).

Klein, enggewunden, gestreift, 9—10 Millim. lang, 3—4 breit, der sichtbare Theil der früheren Windungen doppelt so breit als lang, die Mündung 2½ Millim. lang, Columellarrand ohne Abstutzung.

Diese Art bestätigt die allgemeine Regel, dass kleine Arten weiter verbreitet sind als grosse, indem sie einerseits in Südamerika bis Bolivia (Orbigny) und Rio Janeiro, wo ich sie selbst gesammelt, andrerseits über Westindien verbreitet ist, denn Bland (geograph. distrib. of the landshells of the West India islands, New York 1861) nennt Haiti, Guadelupe, Barbados, Granada und Trinidad als Fundorte dieser Art.

Stenogyra (Subulina) octona Chemn. Helix octona Indiae occid. Chemn. conch. cab. IX, S. 190 Fig. 1264 1786. Achatina octona Lam. Fer. hist. nat. pl. 134. f. 19. 21; Pfr. mon. II p. 266; Chemn. ed nov. 37, 19. 20; Reeve fig. 84; Mal. Bl. VI S. 66. Binney and Bland Am. Journ. Conch., 1871 p. 183 (Zunge).

Chino unweit Puerto Cabello, Appun S. 548. Caracas, Moritz und Lansberg; La Guayra bei Caracas, Otto im Berliner Museum; Merida und Ejido, in feuchten Schluchten in und an der Erde, Engel.

Länger und schlanker als die vorhergehende, bis 21 Millim. lang und 4½—5 breit, der sichtbare Theil der früheren Windungen kaum anderthalbmal so breit als lang, die Mündung 4½—5 Mill. lang, der Columellarrand unten schief abgestutzt. Wie bei manchen verwandten Schnecken bilden sich die Jungen schon im Mutterleib soweit aus, dass sie eine Schale mit 1½—2 Windungen bekommen und findet man daher solche Schälchen öfters innerhalb der alten Schalen.

Auf den meisten westindischen Inseln (Bland loc. cit. nennt Cuba, Jamaica, Haiti, Portorico, Vièque, St. Thomas, Tortola, St. John, Guadeloupe, Barbados und Trinidad) häufig, auch vom benachbarten Festland aus dem westlichen Columbien von Cuming, aus Cayenne von Rang und Drouet, hier in Gärten, unter Steinen und faulem Holz, angegeben und dem Berliner Museum auch von Ceara im nördlichen Brasilien (4° Südbreite) durch Hrn. Zietz zugekommen. Weiter südlich scheint sie nicht mehr vorzukommen.

Stenogyra octonoides C. B. Adams Proc. Bost. Soc. 1845 p. 12; Reeve conch. ic. V pl. 84 fig. 583; Pfr. mon. III p. 400; Shuttl. diagnos. moll. VI p. 139.

Caracas, Ernst.

Nur 6—7 Mill. lang und 3 breit, Mündung 2—2½. Schale blass wachsfarbig, mit rippenartigen Längsstreifen, der sichtbare Theil der Windungen 1½ mal so breit als lang, der Columellarrand breit umgeschlagen, ohne Abstutzung; ein offener Nabelritz.

Diese Art ist auf den westindischen Inseln weit verbreitet, Bland führt die folgenden an: Cuba, Jamaica, Portorico, Vièque, St. Thomas. St. John und Granada.

Stenogyra subula Pfr. (Bulimus) mon. II Nro. 413.

Maracaibo, nach A. D. Brown catalogue of the genera Helix etc. in his collection 1866 p. 61.

Auch von Florida, Cuba, Portorico, S. Thomas, Antigua und Barbados bekannt (Bland).

Tornatellina.

Eine Falte auf der Mündungswand, sonst ähnlich den vorigen.

Tornatellina Funcki Pfr. Proc. Zool. Soc. 1847; mon. II p. 272; IV p. 650; VI p. 262; Mal. Bl. VI p. 66. — Achatina lamellata (non Potiez et Mich) Reeve V fig. 97; Drouet moll. Guyane pl. 2 fig. 21, 22.

Merida, Funck. Am obern Maranhon in Ecuador, Warscewicz in der Albers'schen Sammlung. Surinam, Achtnich bei Pfeiffer. Het-la-Mère bei Cayenne unter Steinen und faulem Holz, Eyries bei Drouet. Insel Granada, Bland.

Blass hornfarbig und mit abgestutztem Columellarrand, wie Stenogyra octona, aber breiter, die untere Windung viel grösser (Länge 12½, Breite 6, Mündung 6 Millim.) und eine Falte auf der Mündungswand. Die von Engel erhaltenen Exemplare stimmen im Uebrigen, sind aber kleiner und entbehren der Falte, welche also bei jüngeren noch nicht vorhanden ist, im Gegensatz zu manchen Pupen, bei denen die unausgewachsenen eine solche Falte stärker zeigen.

Tornatellina perforata Pfr. Proc. Zool. Soc. 1856; mon. IV p. 653.

Venezuela, Pfeiffer.

Durchbohrt. 18 Mill. lang, 7½ breit. Mündung 7 lang.

Cylindrella.

Langgezogen mit runder zahnloser vorgezogener Mündung; die Spitze der Schale meist abgebrochen.

? *Cylindrella Hanleyana* Pfr. Zeitschr. f. Mal. 1847 S. 16; Phil. icon. III 3, 3; Pfr. mon. II p. 378.

Provinz Cumana in Venezuela, nach Cuming's Angabe immer wiederholt, ohne dass sie Jemand später wieder direkt von Venezuela erhalten; im 6. Band fügt Pfeiffer Neu-Granada hinzu. Es wäre das die einzige bis jetzt von dem Kontinent des eigentlichen Südamerika im Gegensatz zu Centralamerika bekannte Art.

Clausilia.

Zwei Falten auf der Mündungswand und ein eigenes Schliessplättchen im Innern. Linksgewunden, langgezogen.

Clausilia Dohrni Pfr. Mal. Blätt. VII 1860 S. 213 Taf. 2 Fig. 1—3; Pfr. mon. VI p. 517.
Venezuela, Engel. Aus Ocaña in Neu-Granada durch C. Wessel erhalten.

Es möge erlaubt sein, eine andere neue Art derselben Gruppe des nachbarlichen Fundortes wegen hier zu beschreiben:

Clausilia peravata n.

Testa non rimata, cylindraceo-fusiformis, longitudinaliter oblique plicata et subtiliter striatula, striis plicas decussantibus, fusca; apex obtusus; anfr. 7, celeriter crescentes, planiusculi, ultimus porrectus, breviter solutus; cervix rotundatus; apertura majuscula, oblique subpiriformis, intus plicis faciei externae cervicalis exarata, violascens; lamella superior valida, elevata, marginalis; lamella inferior minor, a margine remota, perobliqua intrans, medio intumescens; plica palatalis principalis elongata, margini appropinquans, suturae parallela, tenuis; palatalis secunda brevior; lunella nulla; lamella spiralis continua; peristoma continuum, incrassatum, undique liberum et reflexum, rubroviolaceum. Clausilium non emarginatum. Long. 26, diam. anfr. penult. 7, apert.-long. 6½, lat. 6 Mill.

Ocaña im nordwestlichen Neu-Granada, nahe der Gränze von Venezuela.

Kiefer und Zähne der verwandten Clausilia tridens aus Portorico sind beschrieben und abgebildet von Bland und Binney Am. Journ. Conch. 1871 p. 28 pl. 2. Ersterer ganz glatt.

Succinea.

Kiefer nach hinten in eine viereckige Platte fortgesetzt; Schale länglich, sehr weitmündig, mit dünnem Mundsaum, bernsteingelb.

Succinea Tamsiana Pfr. Zeitschr. f. Mal. 1850 S. 65: mon. III p. 18. (Taf. 2. Fig. 1.)

Caracas, von Gollmer, Lansberg und Ernst im Berliner Museum. Caripe, Tams bei Pfeiffer.

Durch das matte, glanzlose Ansehen, die blasse, graugelbe Farbe, die beträchtliche Schiefheit des Aussenrandes und die starke Krümmung seines obern Endes ist diese Art so gut als es durchschnittlich in dieser Gattung möglich ist, charakterisirt. Sie gehört durch die tiefe Naht und das verhältnissmässig nicht kurze Gewinde in die Nachbarschaft der S. putris. Die grössten der von Ernst eingesandten Exemplare sind 13 Mill. lang.

Succinea (Homalonyx) unguis (Fer.) Orb. voy. Am. mer. p. 229 pl. 22 fig. 1—7 (von Bolivien). — Omalonyx von Venezuela Shuttleworth notitiae malacologicae S. 11. — Testacella Matheronii Potiez et Michaud gal. moll. p. 63 pl. 11 fig. 1. 2 (Fundort unbekannt). — Omalonyx unguis (Fer.) Binney und Bland Ann. lyc. n. h. New-York X 1872 p. 203.

Caracas, Ernst, zahlreich.

Testa complanata, solidiuscula, ovata, concentrice striatula et lineis impressis radiantibus subtilibus sculpta, succineo-aurantia; anfr. vix unus; apex prominulus; apertura patentissima, margine externo tenui, superne substricto, columellari incrassato, cum externo continuo, introrsum saepius in appendiculum terminato. Long. 13½, lat. (diam. maj.) 8, convexitas (diam. min.) 3 Mill.

Es ist mir nicht möglich, an der Schale einen deutlichen Unterschied von Orbigny's unguis zu finden; der obere Theil des Aussenrandes ist vielleicht durchschnittlich etwas mehr in schiefer gerader Linie verlaufend, ohne nahe der Spitze eine Ecke zu bilden, die Schale ist ziemlich fest und innen nicht sehr glänzend, oft lebhaft pomeranzenroth; die Radiallinien (streng genommen Spirallinien) sind auf der Innenseite ebenso deutlich oder deutlicher als auf der Aussenseite; die Spitze ragt mehr oder weniger hörnchenförmig vor; der Columellarrand reicht bis zum Aussenrand, so dass keine Mündungswand vorhanden ist und geht zuweilen unmittelbar in ihn über, öfter aber setzt er sich, wo er ihn trifft, nach innen in einen zusammengedrückten kurzen Lappen, dessen Grösse wechselt, fort; Exemplare mit und ohne solchen Lappen zeigen sonst keinen Unterschied; wo er fehlt, scheint er mit dem obern Ende des Aussenrandes verschmolzen zu sein, während sonst der letztere nach aussen und oben von ihm auf den Columellarrand zugeht.

Exemplare aus dem südlichen Brasilien, von Olfers, im Berliner Museum, sind dünner, flacher und mehr blassgelb, die Spitze aufliegend; sie können eine eigene Art bilden; S. depressa Rang. in Guerin mag. zool. 1834 pl. 55 von Guadelupe ist in der Form ähnlich, aber wird ebenfalls als dünn und blassgrünlich beschrieben, es ist der Typus von Fischer's Gattung Pellicula; S. haliotoidea von Guadelupe kenne ich nur aus Mittre's kurzer Beschreibung, Pfr. mon. II p. 530 und davon passen die Worte testa tenuissima und spira nulla vel minutissima nicht; die Vergleichung mit Testacella haliotoidea passt für die Spitze unserer Exemplare, aber nicht für den Columellarrand, welcher bei Testacella viel stärker verdickt und schwielig ist, als bei unserer unguis von Caracas. Succ. appendiculata Pfr. mon. II p. 67 von Guadelupe würde der Beschreibung nach ziemlich passen, aber die Abbildung Chemn. ed. nov. 4, 3, 4 zeigt einen ganz abweichenden Umriss; Petit Journ. Conch. V p. 154 erklärt diese appendiculata für synonym mit depressa Rang, die beiden Abbildungen passen aber nicht zusammen.

Einige von Hrn. Ernst aus Caracas eingesandte Exemplare zeigen den typischen Kiefer der Succineen, mit mittlerem Vorsprung und quadratischer Rückenplatte, Mantel und Fussrücken mit Spuren dunklerer Zeichnung, ähnlich derjenigen auf Orbigny's Abbildung. Fussende flach, ohne Spur einer grösseren Schleimdrüsenöffnung. Es ist das wichtig, weil die der Schale nach so ähnliche Pellicula einen gerippten Kiefer nach dem Typus von Arion haben soll und Bland loc. cit. eine ähnliche neue Gattung aus Oregon, Hemphillia, aber mit geripptem Kiefer und Schwanzdrüse, beschrieben hat.

Dr. Adolf Döring hat vor Kurzem in den Mal. Blätt. XXI 1873 S. 52—59 aus dem Innern der argentinischen Republik einen O. unguis und einen neuen O. patera beschrieben. Nach Vergleichung mit den Exemplaren des Berliner Museums scheint mir dieser patera dem unguis Ferussac's und Ernst's, Döring's unguis aber meiner Succinea convexa, Mal. Blätt. XV 1868 S. 183 von Porto Alegre, anzugehören, die allerdings keine Pellicula ist. Die ebenda erwähnte Succinea von Rio Janeiro ist wahrscheinlich Döring's Succ. Burmeisteri.

B. Süsswassermollusken.

I. Gastropoda aquatilia. Süsswasserschnecken.

a) Limnaeacea.

Ohne Deckel; zahlreiche gleichmässige Zähnchen; luftathmend.

Planorbis.

Scheibenförmig aufgerollt. Fühler fadenförmig.

Planorbis	Oberseite	Unterseite	Kiel	Zahl der Umgänge	Durchm. in Mill.	Höhe in Mill.
Guadelupensis	regelmässig spiral vertieft	schwach vertieft	0	6	bis 24	7
lugubris	trichterförmig vertieft	schwach vertieft	0	7	23	8
stramineus	stark vertieft	etwas vertieft	0	4—5	9—11	4
cultratus	fast flach	flach concav	scharf	6	9	2
cimex	etwas vertieft	flach	stumpf	6	5½	über 1
lucidus	etwas vertieft	etwas vertieft	0	5	7	fast 2
pronus	sehr vertieft	mässig vertieft	0	3½	10	5

Planorbis Guadelupensis Sowerby gen. of shells fig. 6. = Reeve conch. syst. 190. 2; Potiez et Mich. gal. moll. p. 212 pl. 21 fig. 10—12; Guerin iconogr. moll. 7. 1; Dunker in Chemn. ed. nov. S. 50 Taf. 8 Fig. 7—9; Shuttleworth diagnos. VII p. 155; Pl. striatulus Richard inedit. (Beck); Pl. xerampelinus Drouet moll. guyan. p. 76 pl. 2 fig. 27 bis 29. (Taf. 2, Fig. 7.)

Caracas, Ernst. Neu-Granada, in einer an den Tauschverein in Frankfurt gelangten Sendung neugranadischer Arten. Cayenne, Richard und Cailland bei Potiez. Surinam, Drouet. Guadelupe, Sowerby. Portorico, Blauner bei Shuttleworth.

Manche der Ernst'schen Exemplare erreichen einen Durchmesser von 24 Mill., wie diejenigen von Portorico und Drouet's xerampelinus; bei dieser Grösse ähneln sie ziemlich dem noch grösseren brasilianischen Pl. Cumingianus Dunker und olivaceus Spix, lassen sich aber noch daran unterscheiden, dass die letzte Windung nicht so plattgedrückt ist, daher auch keine Andeutung einer peripherischen Kante hat, und dass sie die vorletzte nicht in demselben hohen Grade an Breite übertrifft. Die Farbe dieser grossen Exemplare von Caracas ist auch gelbbraun, doch blasser als die Exemplare von Portorico. Je jünger aber die Individuen sind, desto schwieriger ist es sie von Pl. Bahiensis Dunker (vgl. Mal. Bl. 1868 S. 187) getrennt zu halten; die zur Zeit letzte Windung ist alsdann mehr aufgeblasen, die Oberseite erscheint daher in der Mitte stärker vertieft und die stärkere Wölbung der innern Windungen der Oberseite lässt, wenn das Licht darauf spielt, den Schein einer obern Kante entstehen; betrachtet man aber die innern Windungen eines grossen charakteristischen Guadelupensis, von Caracas oder Portorico, so findet man dasselbe. Hr. Ernst hat unter einer eigenen Nummer eine grössere Anzahl solcher Exemplare eingeschickt, mit einem fremden Ueberzug, während die grossen Exemplare rein sind, also wohl aus einem andern Gewässer, so dass man sehr leicht verleitet werden kann, sie für eine eigene Art zu halten; die meisten haben nur 18 (Einer 21) Mill. im Durchmesser und stimmen hierin mit der Abbildung bei Poticz und Michaud; vergleiche ich sie nun aber mit den grossen, so stimmt Windung mit Windung, nur dass die letzte der grossen fehlt, und jüngere ebenso reine mit den grossen eingeschickte bestätigen die Uebereinstimmung. Es ist möglich, dass sie in einzelnen Gewässern gar nicht ihre volle Ausbildung erreichen, aber doch wahrscheinlicher, dass der Sammler einmal auf eine Schaar halberwachsener stiess und gerade zufällig ein ganz erwachsener sich an dieser Stelle befand. Ich möchte vermuthen, dass es solche Exemplare sind, welche Drouet l. c. als Pl. lugubris Spix et Wagn. (nach der Abbildung nur bis 15 Mill. im Durchmesser) aufführt, und weil er Guadelupensis Sow. auf dieselben bezieht, hat er die vollständig ausgebildeten als eigene Art, xerampelinus, aufgestellt. Der Grad der Schiefheit der Mündung in der Frontansicht (nicht der Mündungsebene, sondern der Linie von der Mitte der Mündungswand zum entferntesten Punkte des Aussenrandes) wechselt sehr, auch an den völlig erwachsenen, wie bei unserm Planorbis corneus, in der Regel steigt diese Linie nach aussen aufwärts, zuweilen ist sie aber auch horizontal oder fällt gar etwas, wie es die Regel bei Pl. olivaceus und Cumingianus ist.

Das grösste Exemplar von Pl. Guadelupensis im Berliner Museum, leider unbekannten Fundortes, misst 28 Mill. im grössten Durchmesser. Sowerby's Abbildung, wie gewöhnlich bei Reeve conch. syst. kopirt, stellt ebenfalls ein sehr grosses Exemplar vor, wovon ich nach der Abbildung (schief von unten) nicht sicher bin, ob es nicht zur folgenden gehöre, denn sie scheint eine Windung mehr zu haben; doch möchte ich, auf die blosse Vermuthung hin, noch nicht den allgemein angenommenen Namen ändern.

Planorbis lugubris Wagn. var. ? (Taf. 2. Fig. 8.)

Durch Hrn. Gollmer hat das Berliner Museum einen Planorbis aus Caracas, leider nur in Einem Exemplar (8935) erhalten, welcher mit der eben behandelten Art in Grösse (23½ Mill.) im Durchmesser und in der blassgelben Farbe übereinstimmt, aber eine Windung mehr hat, nämlich 7, und sich durch die regelmässig trichterförmige Vertiefung der Oberseite unterscheidet: es ist nämlich hier wie bei lugubris (Bahiensis) von Rio Janeiro (Taf. 2, Fig. 9) und tenagophilus von Porto Alegre (Mal. Blätt. 1868 S. 186) die grösste Höhe schon der vorletzten Windung nahe der äussern Naht und ihr grösster Theil flach nach innen abfallend, während bei Pl. Guadelupensis und olivaceus die grösste Höhe mehr in der Mitte zwischen beiden Nähten ist und daher der von oben sichtbare Theil dieser Windung mehr gleichmässig gewölbt erscheint. Auf der Unterseite dagegen erscheint die letzte Windung nicht so überwiegend wie bei Pl. Bahiensis. Das Verhältniss der Höhe zum Durchmesser ist wie bei Guadelupensis, bei lugubris höher. Die eine Windung mehr bei gleicher Grösse gibt ihr auf den ersten Blick ein von Guadelupensis verschiedenes Ansehen; indem dadurch jede einzelne Windung weniger Raum einnimmt, erscheint ihr Umriss mehr regelmässig kreisförmig, bei Guadelupensis im Vergleich damit etwas elliptisch. In Drouet's Pl. xerampelinus möchte man nach seiner Beschreibung diese fragliche Form vermuthen, aber die Abbildung erweist sie im Gegentheil als den vorher beschriebenen Guadelupensis.

Planorbis stramineus Dunker Proc. Zool. Soc. 1848 p. 52; Chemn. ed. nov. Planorbis S. 42 Taf. 5 Fig. 7–9; Martens Mal. Bl. VI p. 66. (Taf. 2, Fig. 6.)

Lagunilla, Engel. Caracas, Ernst. Ceará im nördlichen Brasilien. Zietz, alle im Berliner Museum. Südamerika ohne nähere Fundortsangabe. Cuming'sche Sammlung (Dunker).

Diese Art gehört in die Verwandtschaft des europäischen Pl. corneus und des nordamerikanischen trivolvis Say, indem die Windungen gerundet und wenig zahlreich, die Oberseite in ihrer Mitte stark vertieft, die Unterseite auch etwas vertieft, doch gerade in ihrer Mitte mehr flach ist. Uebrigens gehört sie zu den kleinsten Arten dieser Gruppe. Das grösste mir vorliegende Exemplar von Ernst hat nur 11 Mill. im grössten Durchmesser, die Engel'schen durchschnittlich 9, Höhe an der Mündung 4 Mill., die Mehrzahl der Ernst'schen ist noch bedeutend kleiner; Dunker gibt 5 Linien an, was auch ungefähr auf 10 Mill. herauskommt, seine Abbildung ist demnach vergrössert. Windungen 4—5, die letzte bei den erwachsenen ohne Kante; an den früheren markirt sich sowohl an der Ober- als an der Unterseite eine Art Kante (subangulati), an derselben Stelle wie bei trivolvis, nur tritt sie nie so bestimmt auf, obwohl der Grad ihrer Ausprägung auch zwischen einzelnen Exemplaren gleicher Grösse etwas verschieden sein kann. Die Schale ist glänzend, fein gestreift, grangelblich, zuweilen auch, namentlich jüngere Exemplare, gelbbraun. Die Mündung erweitert sich etwas, und oft tritt nach einer solchen Erweiterung noch einmal neues Wachsthum ein, so dass die Stelle etwas buckelig wird. Die Mündungsebene ist mässig schief, um beträchtlich weniger als ¼ rechten Winkel von der Achse abweichend, der untere Theil des Mundrandes steigt eine kurze Strecke stark abwärts bis zur Stelle der früheren unteren Kante und von da an mehr oder weniger gestreckt aufwärts, bis zur grössten Entfernung von der Mündungswand, welche etwas über der Mitte der ganzen Mündung liegt; von da an geht der obere Rand in mehr gleichmässiger sanfter Wölbung zur Naht. Die Form der Mündung wird dadurch, wie bei vielen Arten dieser Gruppe, eine schiefe, wie von unten und aussen aufwärts gedrückt. Der Grad der Involution ist wie bei unseren corneus in der Jugend beträchtlicher als bei alten Exemplaren und unsere Art erscheint hierin als Miniaturbild desselben.

Pl. montanus Orb. vom Titicacasee, mit welchem Dunker ihn vergleicht, ist nicht nur viel grösser, sondern auch nach der Profilansicht fig. 6 der Unterrand viel mehr nach unten und aussen absteigend. Weit ähnlicher erscheint Pl. Terverianus Orb. cub. 13, 20—23, ist aber bei ähnlicher Grösse viel flacher, 2¼ Mill.

Planorbis cultratus Orb. in Ramon de la Sagra, hist. Cub., moll. 1845 p. 105 Taf. 14 Fig. 5 bis 8. Pl. tenuissimus Phil. in der Albers'schen Sammlung. (Taf. 2, Fig. 10.)

Caracas, Ernst. Martinique oder Cuba, Orbigny. Ceará im nördlichen Brasilien, Zietz durch Godeffroy erhalten.

Dem europäischen vortex ähnlich, 9 Mill. im Durchmesser und nur 2 hoch, scharfgekielt, mit 6 Windungen, die alle oben etwas gewölbt, unten ganz flach sind, so dass der Kiel den untern Rand bildet; die Unterseite flach ausgehöhlt. Die letzte Windung verhältnissmässig gross, ungefähr wie bei unseren Pl. marginatus, ihre Breite nahe der Mündung ¼ des ganzen Durchmessers. Der Kiel ist an der Oberseite von der Wölbung bestimmt abgesetzt, daher er im Profil der Mündung als besondere Spitze hervortritt; der Unterrand der Mündung fast gerade, ein ganz klein wenig unter dem Kiel der vorhergehenden Windung beginnend, der Oberrand gewölbt, aber zunächst dem Kiel etwas concav.

Orbigny erhielt diese Art von Cande, und da er über den Fundort nicht sicher ist, Cande aber auch Conchylien aus Neu-Granada mittheilte (Streptaxis Candeanus), so wäre es möglich, dass auch diese Art dem Festland und gar nicht den Inseln angehörte. Von allen ähnlichen südamerikanischen Arten unterscheidet sie sich durch die verhältnissmässige Grösse der letzten Windung und die Schärfe des Kiels; am nächsten kommt ihr Pl. kermatoides Orb. von Peru, der auch unten ebenso concav ist; doch sind auch bei diesem die genannten zwei Unterschiede noch merklich. Pl. depressissimus Moric. von Bahia hat die Kante mehr nach der Mitte zu, Dunker's Abbildung dieser Art, 10, 4—7, scheint aber vielmehr den cultratus darzustellen.

Planorbis cimex Moricand Mem. soc. phys. de Génève VIII 1839. p. 143 pl. 3 fig. 8. 9: Dunker Chemn. ed nov., Planorb. S. 61 Taf. 10. Fig. 15—18. — Pl. Macnabianus C. B. Adams contribut. p. 43. (1849. 52); Shuttleworth diagnos. VII p. 157.

Caracas, Ernst mit der folgenden Art zusammen eingeschickt. Jamaica, C. B. Adams. Portorico, Blauner bei Shuttleworth. Bahia, Blanchet bei Moricand. Brasilien (vielleicht Rio Janeiro), Erman im Berliner Museum.

Aehnlich unserm Pl. leucostomus, die Kante auch unten, aber stumpf; Unterseite flach, Oberseite an der Peripherie gewölbt, in der Mitte etwas vertieft. 6 Windungen, die letzte verhältnissmässig sehr schmal. Durchmesser 5½ Millim. Höhe kaum etwas über 1 Mill. Farbe hell olivengelb.

Stimmt recht gut sowohl mit der Beschreibung und Abbildung bei Moricand als mit Exemplaren des Pl. Macnabianus aus Jamaica und Portorico in der Albers'schen Sammlung. Dagegen weichen einige Exemplare, welche das Berliner Museum als Pl. Macnabianus aus Cuba von Gundlach erhalten hat, durch eine Windung weniger bei gleicher Grösse und durch etwas schärfere Kante ab, scheinen also wieder eine andere Art zu sein. Die Erman'schen Exemplare sind dunkler: Dunker sagt, die Art habe oft einen schwärzlichen Ueberzug. Diese dunklere Farbe nebst der Kleinheit mögen zu dem sonderbaren Namen cimex veranlasst haben. Doch gibt Moricand selbst die Farbe als cornée claire an. Pl. paropsides Orb. von Peru ist ähnlich, aber unten zugerundet, ohne deutliche Kante.

Planorbis lucidus Pfr. in Wiegmann's Archiv f. Naturgesch. 1839 S. 354: Shuttleworth diagnos. VII. p. 157. — Pl. Lanierianus Orb. cub. p. 104, Taf. 14, Fig. 1—4 1845. Pl. Redfieldi C. B. Adams contrib. p. 43 nach Shuttleworth.

Caracas, Ernst. Cuba, L. Pfeiffer, Sagra, Lanier und Gundlach. Jamaica, C. B. Adams. Portorico, Blauner. Guadelupe, Shuttleworth.

Glänzend braungelb, oben und unten schwach vertieft, unten ein wenig mehr; 5 Windungen, die letzte unten abgeflacht, aber ohne dass eine Kante sich ausbildet. — An der Mündung die grösste Weite im untern Drittel. Dieses, sowie Farbe und Glanz, geben der Art einige Aehnlichkeit mit unserm Pl. nitidus, aber sie ist bei weitem nicht so involut und es fehlen ihr die inneren Leisten. 7 Millim. im Durchmesser, beinahe 2 hoch.

Mein Pl. purus von Südbrasilien Mal. Blätt. 1868 S. 190 ist ähnlich, namentlich in Farbe und Umriss der letzten Windung, aber bedeutend mehr involut.

Planorbis pronus n. (Taf. 2, Fig. 5).

Testa subinflata, solidula, striata, lineis spiralibus impressis nonnullis exarata, supra profunde umbilicata, infra mediocriter excavata; anfr. 3½, rapide crescentes, rotundati, sutura profunda discreti, ultimus infra inflatus, ad excavationem basalem subangulatus, *prope aperturam valde descendens*; apertura diagonalis, subtriangularis, margine supero sublorizontali, leviter arcuato, margine infero stricto, recedente, columellari perpendiculari, subdilatato; paries aperturalis callo albido tectus. Diam. maj. 10, min. 8, alt. 5, apert. alt. obliq. 5½, diam. 4 Millim.

Valenciasee, zahlreich, früher von Otto, jetzt von Ernst dem Berliner Museum eingesandt, leider nur in mehr oder weniger verbleichten Exemplaren. Wahrscheinlich auch schon von Appun gesammelt, da dieser S. 553 eines Planorbis erwähnt, den er nur in diesem See gefunden habe.

Diese auffällige Art lässt sich nur mit Pl. bicarinatus Say von Nordamerika und Pl. Andecolus Orb. vom Titicacasee in den Anden Peru's vergleichen; letzteren kenne ich übrigens nur aus der Beschreibung und Abbildung bei Orbigny. In der allgemeinen Gestalt, dem raschen Zunehmen der Windungen und der weiten eigenthümlichen Form der Mündung hat er mit beiden grosse Aehnlichkeit, er ist aber kleiner als beide und seine letzte Windung steigt vor der Mündung durchschnittlich stärker herab. Von Pl. bicarinatus unterscheidet er sich ausserdem durch den Mangel der obern Kante, während auch die untere nur angedeutet ist, von Andecolus durch die verhältnissmässig geringere Höhe bei gleicher Involution sowie durch den kürzern und nicht so schiefen Columellarrand. Hiebei möchte ich darauf aufmerksam machen, dass Pl. andecolus und Pl. montanus, beide aus dem Titicacasee, in der auffälligen Länge und Schiefheit des Columellarrandes nach der Abbildung unter sich übereinstimmen und von allen andern Planorbis abweichen. Es sieht aus, als ob beide nur Involutions-Verschiedenheiten von einander wären, wie Pl. tenagophilus und Bahiensis, trivolvis und lentus, Banaticus, corneus und Etruscus.

Physa.

Länglich, linksgewunden. Fühler fadenförmig.

Physa rivalis Maton Transact. Linn. Soc. VIII 1807 pl. 4 fig. 2; Sow. gen. of shells fig. 9; Beck ind. moll. p. 116; Potiez et Mich. gal. moll. 22, 21. 22; Orbigny voy. Am. Moll. p. 341; Martens Mal. Blätt. 1868 S. 185. — Ph. Sowerbyana Orb. cub. p. 101 pl. 13 fig. 11—13 1845; Shuttleworth diagnos VII p. 157. — Ph. Jamaicensis C. B. Adams contribut. p. 174 1851. — Ph. Antonii Küster in Chemn. ed. nov. Physa S. 12 Taf. 2 Fig. 6—8.

Caracas, Lausberg und Ernst. Cuba, Orbigny. Jamaica, C. B. Adams und Rüse in der Albers'schen Sammlung. Portorico, Blauner bei Shuttleworth. Martinique, Orbigny. St. Thomas und Guadeloupe, Shuttleworth. Antigua, Haines in der Albers'schen Sammlung unter dem Manuscriptnamen Ph. margaritacea Shuttl. — Ceará im nördlichen Brasilien, Zietz. Rio Janeiro, Beck und Orbigny. Porto Alegre, Hensel. Corrientes, Montevideo und nördliches Patagonien, Orbigny.

Trotz der zahlreichen Anwachsstreifen glänzend glatt, nur an der Naht fein gefältelt; meist lebhaft gelb, an der Naht oft weiss und dicht darunter in der Regel ein dunkleres, röthlichbraunes Band; letzte Windung nicht aufgeblasen, Columelle nahezu senkrecht, weiss. Mundrand dünn, ohne innere Lippe. Die grössten mir vorliegenden Exemplare, von Caracas sowohl als St. Thomas, 14 Millim. lang, meist kleiner; Breite ½, Mündungslänge ⅔ der ganzen Länge.

Physa Venezuelensis Martens. Mal. Blätt. VI 1859 S. 66. (Taf. 2, Fig. 11.)

Lagunilla in Venezuela, Engel.

Bedeutend grösser, 18 Mill. lang, Gewinde verhältnissmässig kürzer, so dass die Mündung ½—¾ der ganzen Länge einnimmt; Farbe sehr blass gelblich, die Naht selbst röthlich; die Anwachsstreifen ungleichmässig, der Schale ein fein faltiges Ansehen gebend, ohne doch Glätte und Glanz derselben zu stören; feine Spirallinien in der Nähe der Naht regelmässig, weiter unten nur stellenweise erkennbar. Fältelung der Naht und Columelle wie bei rivalis.

Es giebt eine ähnliche spiral gestreifte Art auf den Antillen, Ph. striata (non Orbigny) Shuttleworth l. c. p. 158, auf Cuba, Jamaica und S. Thomas, welche aber nach den Exemplaren in der Albers'schen Sammlung sowohl in der Grösse, als in der Länge des Gewindes und in der weissen Farbe der Naht besser mit rivalis stimmt, überdies die Spiralstreifung auf der ganzen letzten Windung regelmässiger zeigt. Auch Ph. speculosa Merelet test. noviss. von der Campeche-Bai würde zu dieser striata gehören. Ph. striata Orb. cub. S. 102 Taf. 13 Fig. 14 bis 16 ist dagegen ganz verschieden, wie schon aus den Worten spira obtusissima, anfr. inflatis, ultimo gibbosulo, testa luteorufa, sowie aus der Abbildung hervorgeht. Dagegen gehören rivalis, speculosa (striata Shuttl.) und Venezuelensis eng zusammen; auch rivalis ist öfter sehr blass gefärbt und in der Nähe der Naht lassen sich zuweilen Spuren von Spiralstreifen erkennen. Nächst verwandt ist noch Ph. Panamensis Anton. Küst. 2. 3—5. bei der die Naht gleichfarbig mit der übrigen Schale ist, und Ph. Brasiliensis Koch Küst. 1. 19. 20. welche durch etwas stärkere Wölbung der Windungen und etwas mehr gedrehte Columelle zu Ph. Cubensis Pfr. hinzuweisen scheint.

Die Identität der westindischen und brasilischen rivalis wurde schon von Beck hervorgehoben und von Orbigny wiederholt: letzterer sagt, die brasilischen Exemplare seien mehr gewölbt, und so finde ich es auch bei zwei Exemplaren des Berliner Museums, mit der Etikette „Brasilien, Moricand" (also vielleicht aus Bahia, obwohl Moricand in seinen Arbeiten über die von Blanchet dort gesammelten Mollusken Mem. soc. phys. de Génève VII–XI 1836—46 keine Physa erwähnt); diese Exemplare sind auch ungewöhnlich gross, eines 19 Mill. lang übrigens in Färbung und Skulptur, Naht in Columelle mit rivalis stimmend, gegen Venezuelensis und gegen Brasiliensis. Ob aber die ächte rivalis auch in Peru vorkomme, wie Küster (für seine Antonii) und Orbigny angeben? Orbigny gibt den peruvianischen Exemplaren einen vollen Zoll an Länge und meint damit wohl die allerdings verwandte Ph. Peruviana Gray, welche auch von Tschudi in Peru wiedergefunden worden ist. (Troschel's Archiv für Nat. 1852 S. 196.)

Ancylus.

Schale mützenförmig, nicht spiralgewunden. Fühler kurz, stumpf.

Ancylus Moricandi Orb. voy. Am. mer. p. 355; Martens Mal. Blätt. 1868 S. 190. A. Bahiensis Moricand mscr.

Subfossil in Schneckenerde (Caracolillo) vom Valenciasee. Ernst. Durch Brasilien (Bahia, Porto Alegre) bis zu den Laplatastaaten verbreitet.

Vermuthlich ist dieses auch die Ancylus-Art, welche Woodward manual of mollusca p. 403 von Venezuela anführt.

b) TAENIOGLOSSA.

Mit einfachem Deckel und 7 Zahnreihen: hauptsächlich wasserathmend.

Ampullaria.

Zugleich mit Kiemen und Lungenhöhle: 4 lange Fühler; Deckel concentrisch, bei den amerikanischen Arten dünn, hornig. Schale kugelig, zuweilen länglich oder auch flach, meist mit Spiralbändern. Mündung unten vorgezogen. Leben hauptsächlich in stehendem Wasser und können längere Zeit im Trockenen aushalten.

Ampullaria	Schale	Gewinde zur Gesammthöhe	Nabel	Mündungssaum	Naht	Kante nahe der Naht	Höhe in Millim.	Breite
Doliiformes urceus	länglich-kugelig, braunschwarz	1:4 oder 1:3	eng	weiss oder blassröthlich	mässig	0	82—114	71—103
Piriformes oblonga	verkehrt konisch, hellbraun	1:3 oder 2:7	ritzförmig oder geschlossen	weiss	mässig	0	40—59	30—45
papyracea	verkehrt konisch, dünn, schwarz	1:4	ritzförmig	schwärzlich, dünn	wenig eingeschnitten	0	46	42
erimia	eiförmig, gelbgrün	2:7	ritzförmig oder verschlossen	roth	kaum eingeschnitten	0	92	67
Cyclostomae cyclostoma	kugelig, dick, dunkelgrün	1:3	eng	weiss	mässig	0	25	25
Heliciformes Tamsiana	flach-kugelig, graugrün	1:3	ziemlich eng	bräunlich, gefleckt	ziemlich tief	0	41	44
Effusae cingulata	kugelig, dünn, weisslich	2:7	eng	pomeranzengelb	sehr tief	stumpf	34—49	33—48
luteostoma	breit, kugelig, bräunlichgelb	1:4	mässig	gelbroth od. rosenroth	tief	sehr stumpf	38	39
castanea	sehr breit, kugelig, dunkelbraun	1:5	weit	gelb	etwas tief	stumpf	42—68	48—85
Orinocensis	breit-kugelig, braungrün	2:7	ziemlich weit	rothgelb, schwarzfleckig	etwas tief	stumpf	54	62
glauca	kugelig, trübbraungrün	1:5 bis 2:7	ziemlich weit	weisslich od. gelblich	tief	stumpf	31	29
Planorbiformes cornu-arietis	ganz flach, weisslich		verticll	ganz weit	weisslich od. gelb	tief	stumpf	32—41	15—19

Da alle Arten mehr oder weniger gebändert, mit Ausnahme der drei ersten, so ist dieses nicht besonders bemerkt. Vergl. über die Eintheilung Mal. Blätt. 1857 S. 187 ff.

Ampullaria urceus Müll. Lister hist. conch. 125. 25. Nerita urceus Müll. hist. verm. 1774 p. 174; Chemnitz Conch. Cab. IX fig. 1136. — Amp. rugosa Lam. ed. Desh. VIII p. 532. Amp. urceus Philippe in Chemnitz ed. nov. S. 54 Taf. 17 Fig. 1; Reeve X fig. 18; Martens Mal. Bl. IV 1857 S. 190.

Puerto Cabello, beim Fluss Yaracui an sumpfigen Stellen, Appun S. 120 und 548, auch an den waldigen Ufern des Orinoko bei S. Catalina, S. 467; ebenfalls von den Ufern des Orinoko durch Gruner in der Albers'schen Sammlung. Trinidad, Catter bei Reeve. Britisch Guyana, Schomburgk. Surinam, Lister. Wahrscheinlich auch in Französisch-Guyana, da die von Dronet als Ampullaria Guyanensis Lam. beschriebene Art dazu passt.

Wird von den Eingebornen am Orinoko geröstet gegessen; sie diente auch Appun selbst, als er am untern Orinoko verirrt war, als erwünschte Speise, „Unter den Tropen" S. 509. Die Eingebornen Britisch Guyana's pflegen diese Schnecke als Ernüchterungsmittel am Tage nach ihren berauschenden Paiwari-Festen zu geniessen, Appun im „Ausland" 1872.

Ampullaria oblonga Swains. zool. illustr. III 1822 pl. 136; Philippi in Chemnitz ed. nov. S. 21 Taf. 5 Fig. 6; Reeve fig. 70.

Caripe, L'Herminier im Berliner Museum. Am Orinoko, durch Gruner in der Albers'schen Sammlung; dieses Exemplar ist 59 Mill. lang, 45 breit, grösser als die mir bekannten Abbildungen. Swainson und Reeve geben keinen Fundort an.

Verwandt mit dieser Art ist A. semitecta Mouss. Mal. Bl. 1873 aus Neu-Granada.

Ampullaria papyracea Spix test. bras. 4. 1. 2; Wagner Fortsetz. Chem. Bd. XII fig. 4448. 4449; Philippi S. 11 Taf. 2 Fig. 4; Reeve fig. 41.

Venezuela, Otto im Berliner Museum (Original zu Philippi's Abbildung). — Nördliche Provinzen Brasiliens, Spix.

Ampullaria eximia Dunker Zeitschr. f. Mal. 1853 S. 93. — Amp. cassidiformis Reeve fig. 56 1856. (? A. Guyanensis Lam. an. s. vert. ed. 2 VIII p. 532.)

Die Provinz Coro am See von Maracaibo, Republik Venezuela, Gruner bei Dunker l. c. (Diese Provinz ist die nördlichste von ganz Venezuela, beginnt westlich von Puerto Cabello und bildet die Ostseite des Meerbusens von Maracaibo, berührt aber nach einigen Karten nur auf eine kleine Strecke, nach andern gar nicht den sogenannten See von Maracaibo, der durch eine enge Stelle unmittelbar mit dem Meerbusen zusammenhängt und also gewissermassen den Haffen der Ostsee oder noch besser der Laguna dos Patos im südlichen Brasilien zu vergleichen. Leider scheint über die Fauna dieses Sees nichts Näheres bekannt zu sein. Reeve's Fundortsangabe „See von Maracaibo" beruht wohl auf derjenigen von Gruner und gibt daher keine Gewissheit, dass unsere Ampullarie in diesem See und nicht etwa in kleineren süssen Gewässern jener Provinz lebe.

? *Ampullaria cyclostoma* Spix.

Von dieser Art ist im Berliner zoologischen Museum Ein Exemplar vorhanden, mit der Etikette: Columbien, Moritz. Columbien ist bekanntlich der ältere gemeinschaftliche Namen für die jetzigen drei getrennten Republiken Venezuela, Neu-Granada und Ecuador; Dr. Moritz hat aber hauptsächlich in Venezuela gesammelt. Philippi hat dieses Exemplar Taf. 4 Fig. 4 abgebildet. Da aber diese Art sonst von Niemand aus Venezuela angegeben wird, dagegen von A. Spixii Orb. aus dem Paraná wenig verschieden scheint, so dürfte es besser sein, sie vorerst noch nicht unter den Arten von Venezuela aufzuführen.

Ampullaria Tamsiana Dunker bei Philippi l. c. S. 51 Taf. 16 Fig. 12.

Puerto Cabello, Tams.

Diese Art ist uns noch nicht direkt aus Venezuela zugekommen.

Ampullaria cingulata Philippi l. c. S. 19 Taf. 5 Fig. 2; Martens Mal. Bl. IV 1857 S. 197.

See von Valencia, landeinwärts von Puerto Cabello, von Otto, Moritz und Gollmer im Berliner Museum.

Mehrere Exemplare aus der Thieramm'schen Sammlung, zwar ohne Fundortsangabe, wahrscheinlich aber ebenfalls von Moritz stammend, sind weit grösser als das von Philippi abgebildete, bis 49 Mill. lang und 48 breit. Die Nabelweite variirt bedeutend; die Bänder sind meist schmal und scharf gezeichnet, wie bei allen Ampullarien im obern Theil jeder Windung mehr vereinzelt, im mittlern und untern zahlreicher und oft paarweise genähert; Ein Exemplar hat ziemlich breite, deutlich aus zwei dicht genäherten gebildete Bänder und tritt damit der gewöhnlichen Zeichnung der Ampullarien näher. Ein Exemplar ist ganz ohne Bänder. Die dünne Schale, die weisse Grundfarbe, an der Spitze pomeranzenroth, an der Innenseite des dünnen nicht ausgebogenen Mundsaums ebenfalls gelbroth oder doch gelb, und die stark vertiefte Naht charakterisiren diese Art leicht. Es ist auffallend, dass sie in Reeve's Monographie ganz fehlt; seine A. lymnaeformis, fig. 39 vom Maranhon, hat wohl im Habitus einige Aehnlichkeit, scheint sich aber durch den breit ausgebogenen Mundsaum, die wieder vertiefte Naht und die grüne Grundfarbe, sowie mehr längliche Gestalt hinreichend zu unterscheiden.

Hr. Gollmer bemerkt über diese Art in seinen Notizen über die eingesandten Gegenstände, dass er sie über ein Jahr lang lebend gehalten und mit Bohnen und frischen Butterfruchtblättern (Persea?) gefüttert habe.

Ampullaria luteostoma Swains zool. illustr. III pl. 157, die obere und die untere Figur; Phil. l. c. S. 42 Taf. 12 Fig. 2 (Kopie); Dronet moll. guyan. p. 79. — Amp. Guyanensis (non Lamarck) Guérin iconogr. regn. an., moll. pl. 13 fig. 5. — Amp. crocostoma Philippi l. c. S. 42 Taf. 12 Fig. 3; Martens Mal. Bl. IV S. 197. (Taf. 1. Fig. 20 u. 21.)

Puerto Cabello, namentlich im Fluss Yaracui an sumpfigen Stellen, Appun „Unter den Tropen" S. 141 und 548 (120) unter dem Namen A. rhodostoma; zahlreiche Exemplare von ihm im Berliner Museum. Caracas, Tams bei Philippi l. c., Gollmer und Ernst. Caripe, L'Herminier im Berliner Museum.

Noch ziemlich länglig, Naht stark vertieft, Nabel mässig offen, Farbe grünlichgelb, meist ziemlich hell, mit schmalen dunkeln Bändern, die in der Regel nur in geringer Zahl vorhanden sind; Innenseite der Mündung lebhaft gelbroth oder auch rosenroth. Der dünne Mundrand und das bedeutende Vortreten der untern Hälfte des Aussenrandes nähern diese Art noch einigermassen der A. cingulata. Höhe 38, Durchmesser 39, Breite der Mündung 10½ Mill. Zwei Exemplare, aus Caracas von Gollmer erhalten, zeigen nur 31 Mill. in beiden Dimensionen und einen sehr blassen gelblichen Mundrand ohne Naht. Philippi's Amp. crocostoma scheint ein ungewöhnlich weit genabeltes Exemplar dieser Art darzustellen, das hierin allerdings der glauca sich nähert, aber in Naht und Mundform noch zu luteostoma gehört. Philippi's Amp. pachystoma, loc. cit. Taf. 12 Fig. 5, wovon ein Exemplar mit der Fundortsangabe Guadeloupe von Gruner in der Albers'schen Sammlung liegt, ist in der Grundfarbe, den Bändern und auch in der allgemeinen Form, abgesehen vom Mundsaum, unserer Art sehr ähnlich, nur durch die starke Verdickung und Ausbiegung des Mundsaums, falls diese konstant ist, verschieden.

Eier hell blaugrün, kalkschalig, haufenweise an den aus dem Wasser der Teiche und Gräben hervorragenden Stengeln der Wassergewächse, nach einer Mittheilung von Appun. Auch von andern amerikanischen Ampullarien sind lebhaft gefärbte hartschalige Eier bekannt, z. B. von A. canaliculata korallenrothe durch Orbigny voy. Am. mer. pl. 49 fig. 7.

Ampullaria castanea Desh. in Encycl. method., Vers II 1830; Deshayes an. s. vert. VIII p. 542 z. Theil; Martens Mal. Blätt. IV S. 198.

Puerto Cabello, und vom Orinoko durch Gruner, in der Albers'schen Sammlung. Auch von Reeve aus Venezuela angegeben. Britisch Guyana, am obern Pomeroon, durch Rich. Schomburgk im Berliner Museum.

Der Nabel bedeutend weiter und die ganze Gestalt breiter als bei der vorhergehenden, die Nahtgegend weniger vertieft, mehr abgeflacht, das Gewinde kürzer und oft mehr zitzenförmig plötzlich sich erhebend, die Schale oft stärker, die Grundfarbe dunkler, braun oder grünbraun; die Innenseite des Mundrandes ebenfalls pomeranzengelb, seltener rosenroth; Bänder oft ganz fehlend, bei andern Exemplaren in geringer Anzahl vorhanden; der Aussenrand in seiner untern Hälfte bogenförmig vorgezogen. Die obern Windungen sind meist stark cariös. Das grösste Exemplar des Berliner Museums, aus dem Pomeroon, 68 Mill. hoch (sehr cariös), und 85 breit; ein kleines von Puerto Cabello 42 hoch und 48 breit. Die Mündung beim ersteren 45, beim zweiten 23 Mill. breit.

Ampullaria Orinocensis Ziegler. Reeve fig. 45. A. castanea (vix Desh) Phil. I. c. S. 41 Taf. 12 Fig. 1.

Orinoko, Philippi und Reeve: ebendaher Exemplare von Gruner erhalten, in der Albers'schen Sammlung.

Wenig von der vorigen verschieden, etwas mehr kugelig, Nabel etwas enger, Farbe glänzend dunkelgrün mit scharf gezeichneten mässig breiten sehr dunkeln Bändern; Mundrand innen rothgelb, durch die Bänder schwarz gefleckt. Naht wie bei der vorigen. Mündung verhältnissmässig schmäler. Wirbel ebenso cariös. Unser grösstes Exemplar 54 Mill. hoch, 62 breit, Mündung 30 breit.

Ampullaria glauca L. Lister hist. conch. 129, 29. — Helix glauca Linne Mus. Lud. Ulr.: Hanley ipsa Linn. Conch. p. 369. — Nerita effusa var. *ε* und *η* Müll. hist. verm. p. 175 (zum Theil). — Ampullaria effusa Lam. an. s. vert. ed. 2 VIII p. 534 (zum Theil): Swains. conch. ill. III pl. 157 die drei mittlern Figuren: Dronet moll. Guyan. p. 78. Amp. glauca Phil. Chemn. ed. nov. S. 43 Taf. 12 Fig. 4; Reeve fig. 85; A. Guadelupensis Martens Mal. Blätt. IV S. 199.

Caripe, L'Herminier im Berliner Museum, Caracas, Ernst. Barruta bei Caracas, Gollmer. Cayenne, Eyries bei Dronet. Antillen, Lamarck. Bolivia, Thorey bei Philippi.

Schale ziemlich dick, Nahtgegend abgeflacht wie bei luteostoma, Nabel breit, wie bei derselben; Mündung verhältnissmässig schmal; Gewinde kurz, zitzenförmig vorstehend; Schalenoberfläche glänzend; Grundfarbe gelbgrün; Bänder breit, braun, nicht sehr dunkel, nur selten (Ein Exemplar aus Caracas) völlig fehlend, Spitze röthlich; Mundrand innen blassgelb oder pomeranzengelb (bei einem Exemplar von Caracas mehr roth), oft durch die Bänder dunkel gefleckt.

Reeve's Figur ist nicht sehr kenntlich, es scheint, dass er ein Exemplar mit cariöser Spitze, als ob sie vollständig wäre, abgebildet; hiedurch und durch den Fundort[1] verleitet, habe ich am angeführten Ort die Guadelupensis als eigene Art aufgestellt, auch die Exemplare von Caripe haben die Spitze durch Cariosität ganz verloren; im Uebrigen ist sie bei den meisten Exemplaren gut erhalten und eigenthümlich zitzenförmig vorstehend. Die Bänder werden durch Verschmelzen oft sehr breit, bei einem unbekannten Fundortes sind alle mit einander verschmolzen, so dass die letzte Windung nur in der Nahtgegend gelbgrün, im Uebrigen gleichmässig braun ist. Verbleichte oder polirte Exemplare sind röthlichweiss mit braunrothen Bändern. Linne's Benennung glauca passt weder auf diesen noch auf den frischen Zustand in befriedigender Weise. Müller's effusa beruht vorwiegend, wie auch die Abbildung bei Chemnitz zeigt, auf Geveana Desh., Phil. und nur seine zwei letzten Varietäten lassen sich mit einiger Wahrscheinlichkeit auf die vorliegende Art beziehen.

Amp. luteostoma, castanea, Orinocensis und glauca sind nahe unter sich verwandt und nicht immer leicht und scharf voneinander zu unterscheiden, da nicht nur die Färbung und die Bänderzeichnung, sondern selbst die Weite des Nabels nicht ganz konstant; namentlich für die drei letztern ist es schwer Kennzeichen anzugeben, welche sie unter sich scharf auseinanderhalten.

Von Ampullaria Geveana, welche auch noch in diese Gruppe gehört und dieselbe mit der folgenden Art verbindet, scheint immer noch das nähere Vaterland unbekannt zu sein.

Ampullaria cornu-arietis L. Lister hist. conch. 136, 40. Seba thes. III 39, 14. 15. Helix

---

[1] Es war mir nur bekannt, dass L'Herminier auf der Insel Guadelupe gesammelt habe und so suchte ich auch den von ihm angegebenen Fundort dort; es ist aber höchst wahrscheinlich das durch Humboldt bekannte Caripe bei Comana in Venezuela.

cornu-arietis L. syst. nat. ed. X p. 771; Mus. Lud. Ulr. p. 666; Chemnitz conch. cab. IX f. 1952, 1953; Schröter Flussconch. 9, 13; Planorbis contrarius Müll. hist. verm. p. 152; Planorbis cornu-arietis Lam. Encycl. meth. pl. 460 f. 3; an. s. vert. ed. 2 VIII p. 382; Ampullaria cornu-arietis Sow. genera of shells f. 3; Orb. voy. Am. mer. p. 366 pl. 18 fig. 7—9; Philippi l. c. S. 55 Taf. 18 Fig. 1; Martens Mal. Bl. IV S. 51.

Caracas, Lansberg und Ernst im Berliner Museum, von letzterem zahlreiche Exemplare. Cumana, vom Naturalienhändler Krantz in der Albers'schen Sammlung. Brasilien, Petiver und Gronovius.

Lister hat noch keine Vaterlandsangabe, Linné nennt fälschlich Europa, Müller und Chemnitz China.

Müller und Andere erklärten die Schale für linksgewunden, indem sie wie bei Planorbis diejenige Seite, an welcher der Mundsaum weiter hervortritt, für die obere annahmen; eine Vergleichung der Schale mit den nächstverwandten Ampullarien, wie Geveana, glauca und luteostoma, zeigt aber sofort, dass auch bei diesen der untere Theil der Mündung mehr hervortritt und die Betrachtung der von Orbigny gegebenen Figuren der lebenden Thiere lässt ebenso erkennen, dass bei dem Thier rechts und links wie bei den andern Ampullarien ist, die Athemröhre z. B. ebenso links vom Kopf getragen wird und in der That auch an dem am meisten vorgezogene Theil des Mundsaums liegt, die Schale dagegen in Folge dieser Mündungsform nicht nur senkrecht, sondern etwas übergekippt schief getragen wird, so dass die morphologisch obere Seite ein wenig nach unten, die morphologisch untere nach oben gerichtet ist. Beide Seiten sind immer leicht zu unterscheiden, die morphologisch obere ist stets weniger vertieft und die Spitze tritt sogar wieder etwas über die folgenden Windungen hervor; die morphologisch untere Seite ist trichterförmig vertieft, es ist ein äusserst breiter Nabel. Dagegen ist eben diese Seite als die faktisch obere in der Regel dunkler, hellbraun oder nach Verlust der Cuticula grauröthlich gefärbt, die entgegengesetzte, morphologisch obere, heller, olivengelb oder ohne Cuticula weiss.

Die Bänder wechseln wie bei allen Ampullarien sehr in Zahl und Breite, und auch hier gilt, dass sie in dem morphologisch obern Theil spärlicher sind als im untern; die schmäleren sind meist heller, braunroth, die breiteren auch dunkler, kastanienbraun; eine andere Verschiedenfarbigkeit der Bänder kann ich aber bei 7 Exemplaren von Venezuela und 16 unbestimmten Fundortes nicht finden. Müller hat den Ausdruck fasciis diversicoloribus in der Diagnose, nennt aber doch keine andere Verschiedenfarbigkeit, als bei var. γ fasciae fuscopurpureae und una sanguinea, während er für var. β und γ ausdrücklich fasciae omnes rufofuscae sagt; Linné nennt fasciae duae fuscae und una geminata flavescens; es sind also auch nur Abstufungen in der Intensität, nicht eigentlich in der Qualität der Farbe. Die Mündung ist bei einigen Exemplaren innen etwas pomeranzengelb.

Orbigny hat eine Amp. Chiquitensis aus Bolivia von der cornu-arietis aus dem Paraná unterschieden und Philippi eine dritte Art, A. Knorri, von der Insel Trinidad an der Küste von Venezuela hinzugefügt; die Hauptunterschiede derselben wären folgende:

cornu-arietis	beiderseits concav	Nahtrinne breit und seicht	unten kantig	Mündung schief	Cuticula feinranzlig
Chiquitensis	oben fast eben		unten wie oben gerundet	senkrecht [1]	viel glatter
Knorri	beiderseits concav	Nahtrinne schmal u. tief	unten kantig	senkrecht [1]	ganz glatt

[1] Hiermit stimmen die Abbildungen nicht, die Ansicht von oben stellt bei beiden eine schiefe Mündung dar und zwar bei Knorri beträchtlich mehr schief als selbst bei cornu-arietis.

Alle unsere Exemplare von Caracas zeigen nun die Oberseite etwas vertieft (dass die Unterseite weit tiefer sei, gibt Philippi selbst für cornu-arietis zu), die Nahtrinne nicht besonders tief, die Mündung sehr entschieden schief, die Cuticula fein gerunzelt, und an der morphologischen Unterseite fällt die Wölbung der Fläche so rasch in den weiten Nabel ab, dass man sie wohl subangulata nennen kann. Demnach müssen wir die Exemplare von Venezuela nicht zu Knorri, wie man erwarten konnte, sondern zu cornu-arietis im Sinne Philippi's rechnen. Ich muss aber bemerken, dass ich noch kein Exemplar dieser oder einer nahe verwandten Art mit senkrechter Mündung gesehen; wohl aber wechselt der Grad der Involution bei unserer Art beträchtlich, ähnlich wie bei manchen Planorbis (Mal. Blätt. 1868 S. 189) und je grösser derselbe ist, desto höher ist die letzte Windung im Verhältniss zur Breite, desto tiefer die obere Naht und desto weniger schief steht die Mündung, und ich bin sehr geneigt wenigstens in Orbigny's Chiquitensis nur eine mehr involute Lokalvarietät zu sehen. An den Ernst'schen Exemplaren wechselt das Verhältniss der grössten Höhe an der Mündung zum grossen Durchmesser von $\frac{1}{2}$ zu 0,43, was schon für das Auge sehr auffällig ist. Die meisten Exemplare sind näher der letztern Zahl. Amp. rotula Mouss Mal. Blätt. 1869 aus Neu-Granada ist verhältnissmässig noch etwas höher, aber sonst kaum verschieden.

Melania.

Deckel mit wenigen Spiralwindungen; Schale länglich, olivenbraun oder schwärzlich, oft mit Skulptur; Mündung unten etwas ausgebuchtet. Meist von mittlerer Grösse. Leben in fliessendem Wasser.

Melania	Schalenform	Skulptur	Färbung	Mündung nach unten	Länge	Breite in Mill.
(Pachychilus) laevissima	keulenförmig	sehr fein spiralgestreift, fast glatt	grünbraun, etwas fleckig	löffelförmig vorgezogen	39—44	19
Gruneri	breit konisch, fast kugelig	spiralgestreift	grün, dunkelbraun gefleckt	kaum vorgezogen	15	12¼
atra	langgestreckt	längsgefaltet, spiralgestreift	schwarz	löffelförmig vorgezogen	41—62	15—23
(Hemisinus) lineolata	langgestreckt	fast glatt	blass grüngelb, röthlich punktirt	ausgeschnitten	34	15
Venezuelensis	langgestreckt	spiralgestreift	olivengrün	ausgeschnitten	35	11

Melania (Pachychilus) laevissima Sow. Zool. Journ. I 5, 5 1824; Reeve conch. ic. XII fig. 126; Brot. melanicus I p. 42. — Lea Ann. Mag. n. h. 1853 = Journ. Conch. IV p. 159. — M. Sallei Reeve l. c. fig. 133; Brot. mel. II p. 5.

Caracas, Moritz, Lansberg und Ernst im Berliner Museum. La Guayra, Otto im Berliner Museum und von Gruner in der Albers'schen Sammlung; Puerto Cabello, Appun im Berliner Museum. Auch von Venezuela durch Salle bei Reeve fig. 133 c und von „Columbien" überhaupt schon bei Lea l. c. angegeben. Brot in seiner ersten Arbeit nennt nur Mexico und Centralamerika; in ersterem ist sie spezieller nur von einer der südlichsten Provinzen, Chiapa, angegeben. Reeve fig. 126; das angebliche Vorkommen in Martinique wird schon von Brot mit Recht bezweifelt und auch die Angabe Reeve's von Florida, fig. 133 b, erscheint mir sehr zweifelhaft, da die Nordamerikaner selbst in ihren zahlreichen Publikationen über ihre Melanien oder „Strepomatiden" derselben nicht erwähnen, ja Tryon selbst Am. Journ. Conch. I 1865 S. 104 Anmerkung das Nichtvorkommen innerhalb der Vereinigten Staaten betont.

Das grösste der mir aus Venezuela vorliegenden Exemplare ist mit wohl erhaltener Spitze 44 Mill. lang. Breite und Mündungslänge 19 Mill. Morelet hat Riesenexemplare von 64 Mill. Länge aus Palenque in Centralamerika als eigene Art, M. Indorum, beschrieben. Journ. Conch. IV 5, 7. Die Spiralstreifung ist stets sehr fein, und namentlich auf der letzten Windung oft undeutlich, auch bei jungen Exemplaren an der Basis nicht gröber. Die Färbung bräunlichgrün oder grünbraun mit kastanienbraunen oder braunschwarzen grössern Flecken verschiedener Gestalt, oft streifenförmig, erinnert etwas an Schildpatt; einige Exemplare zeigen einen etwas röthlichen Ton, der an Mel. corvina Morelet erinnert; die Naht ist durchgängig heller, meist gelb gefärbt, wird von den Flecken nicht erreicht und verläuft etwas unregelmässig, wie eingerissen. Die Mündung ist an ihrer Basis ziemlich stark vorgezogen und die schwielenartige Verdickung der Mündungswand im obern Winkel bei erwachsenen Exemplaren immer vorhanden, bei unausgewachsenen nicht.

Melania (Pachychilus) Gruneri Jonas Zeitschr. f. Mal. 1844 S. 49; Philippi icon. II 4, 2.

Varinas (im Binnenland an den nördlichen Zuflüssen des Orinoko), von Gruner an Jonas und Albers gegeben.

Mehr konisch, die Nähte tiefer, die Basis grob gefurcht; die mir bekannten Exemplare machen alle den Eindruck, als ob sie nicht ausgewachsen seien, obwohl das Gewinde oft in weitem Umfange zu Grunde gegangen ist; bei dem einzigen Exemplar, an dem es so ziemlich erhalten, beträgt es immer noch etwas weniger als die Mündungslänge. Die Färbung ist ähnlich wie bei der vorigen, die Flecken aber verhältnissmässig kleiner, mehr quadratisch oder kreisrund.

Melania (Hemisinus) lineolata Wood. Gray in Griffith an. kingd. moll. pl. 13 fig. 4; Reeve conch. ic. XII. Hemisinus fig. 4; Brot melanicus I p. 61.

Venezuela, Reeve.

Melania (Hemisinus) venezuelensis Reeve conchol. icon. vol. XII; Melania fig. 81, 1859; Brot melan. I p. 62.

Puerto Cabello, Dunker bei Reeve.

Melania atra Richard M. truncata Lam. an. s. vert. ed. Desh. VIII p. 429.

Im Urwald des Gebirges Cumbre zwischen Puerto Cabello und Valencia, F. Appun „Unter den Tropen" I S. 551. M. atra ist von den vorhergenannten durch ihre Skulptur so sehr verschieden, dass ich an der Richtigkeit der Bestimmung nicht zweifeln kann, obwohl keine Exemplare derselben, von Appun gesammelt, im Berliner Museum zu finden sind. Ich kann daher auch nicht bestimmen, zu welcher der zwei bis jetzt unter diesem Namen verwechselten Arten sie gehören. Brot hat nachgewiesen, dass öfter eine in der Skulptur ähnliche, in der verengten Mündungsform recht verschiedene Art mit der richtigen truncata Lam. verwechselt wird, nämlich seine M. Lamarckiana, melan. III p. 9 und 49 pl. 3 fig. 17 und dass Reeve's Abbildung Mel. fig. 195, nach Exemplaren aus dem Essequebo, zu dieser Lamarckiana gehört. Nach den Exemplaren des Berliner Museums kann ich hinzufügen, dass auch die von Rich. Schomburgk in Englisch-Guyana gesammelten Exemplare, welche Troschel und Philippi als atra bestimmt haben (Philippi icon. 5, 2), zu dieser Lamarckiana gehören, dagegen die von J. Kappler in Surinam gesammelten zu der richtigen truncata Lam., Brot loc. cit. p. 8 pl. 1 fig. 4.

Melania brevior Troschel, ebenfalls von Englisch-Guyana, ist nach den Originalexemplaren im Berliner Museum dieser Lamarckiana sehr ähnlich, doch noch kürzer, vielleicht nur

Varietät derselben: Mel. chloris ebendesselben, wovon nur Ein unausgewachsenes Exemplar vorliegt, scheint mir identisch mit M. transversa Reeve fig. 196 zu sein.

Hydrobia.

Klein, länglich, mit eiförmiger, nicht ausgebuchteter Mündung, einfarbig. Deckel mit wenigen Spiralwindungen.

Hydrobia coronata Pfr. Paludina coronata und crystallina Pfeiffer in Wiegmann's Archiv f. Naturgeschichte 1840 S. 253; Philippi icon. Paludina 1, 17 und 18; Küster Chemn. ed. nov. Paludina S. 51 Taf. 11 Fig. 9—12 und 7, 8. — Paludestrina Candeana Orbigny in Ramon de la Sagra hist. de Cuba, Moll. p. 153 pl. 10 fig. 13, 14. 1845. — Paludina cisternicola und ornata Morelet testacea novissima II 1851 p. 21. — Amnicola crystallina Pfr. Shuttleworth diagnos. VII p. 159; v. Frauenfeld Sitzungsberichte der K. K. Akad. d. Wiss. XVIII 1856 p. 83 und Verhandl. zool. bot. Gesellsch. in Wien 1864 S. 595 und 593; Fischer Journ. Conch. VIII 1864 p. 363. Nach Shuttleworth und Frauenfeld gehören auch Paludina Jamaicensis C. B. Adams conchol. contrib. p. 52, 1859, und Melania spinifera ebendesselben Proc. Bost. soc. nat. hist. III 1851 zu dieser Art. (Taf. 2, Fig. 13.)

Valencia-See, subfossil in der „Schneckenerde" (Caracolillo). Ernst; wahrscheinlich ebendaher, jedenfalls von Venezuela, schon früher durch Otto im Berliner Museum. An der Mündung des Magdalenenstroms bei Baranquilla. Bland.

Diese Art ist ausserdem von Cuba, Jamaica, Portorico, Vièque, St. Thomas, Tortola, S. John, Martinique und Guadelupe bekannt (nach Shuttleworth und Bland), also vielleicht überhaupt durch alle westindischen Inseln verbreitet, in kleinen Bächen und Teichen, sowie von der Campeche-Bai und S. Salvador (Morelet). Doch ist mir die Umgränzung der Art in der weiten Ausdehnung, wie Shuttleworth sie annimmt, noch etwas bedenklich.

Alle mir aus Venezuela vorliegenden Exemplare nämlich, 25 an der Zahl, haben die mit Dornen besetzte Kante mindestens bis zur vorletzten Windung, die meisten aber bis zur Mündung gleichmässig ausgebildet und zugleich sind sie, wenn auch im Grade etwas wechselnd, doch alle schlanker als die Abbildungen bei Küster und Philippi und einige cubanische, wahrscheinlich von Pfeiffer stammende Exemplare im Berliner Museum; dagegen haben wir allerdings in neuerer Zeit durch Gundlach Exemplare auch aus Cuba, nämlich der Punta de Jaule erhalten, welche denen von Venezuela mehr ähneln. Blaunersche Exemplare von Vièque bei Portorico, also solche, nach denen auch Shuttleworth gearbeitet hat, zeigen allerdings Uebergänge durch eine fast oder ganz dornenlose Kante zu der glatten crystallina Pfr., aber zugleich sind sie auch etwas breiter, voller gewölbt und ihre Kante liegt der Naht näher, so dass ich über ihre Identität nicht sicher bin. Shuttleworth's dritte Varietät hat Spiralstreifen an der Basis, was auch bei keinem der Exemplare aus Venezuela vorkommt.

Hr. G. Schako hatte die Güte Kiefer und Zunge dieser kleinen Schnecke näher zu untersuchen und Folgendes darüber mitzutheilen:

Der Kiefer besteht wie bei den andern Hydrobien aus zwei seitlichen Platten; jede derselben bildet ein schiefes Viereck von 0,15 Mill. Länge und 0,09 Mill. Breite, ist durchsichtig, hellgefärbt und trägt scharfbegränzte, erhabene, nach vorn spitz zulaufende Schuppen, die in Reihen stehen und am Vorderrande am stärksten entwickelt sind, hier über den schneidenden Kieferrand hervortreten und 0,0045 Mill. lang, 0,003 Mill. breit sind; nach innen zu nehmen sie an Schärfe ab, markiren sich nur noch schwach als schief polygonale Felder und schwinden gänzlich gegen den entgegengesetzten Rand hin.

Die Zunge zeigt 67 Querreihen. Die Mittelplatte (Taf. 2, Fig. 13 c) ist 0,033 Mill.

breit und von der Schneide bis zum mittlern abgerundeten Vorsprung des Hinterrandes 0,015. bis zum Ende der verlängerten Seitenecken desselben 0,018 Mill. lang. Die Schneide der Mittelplatte zeigt 11 Spitzen, von denen die mittlere ziemlich lang, schmal und spitzig ist, die beiden äussern jederseits verschwindend klein sind. Ausserdem trägt die Mittelplatte auf ihrer Fläche nahe dem Hinterrande noch jederseits drei Spitzen, in schiefer Reihe eine hinter der andern. So bei den Exemplaren aus Venezuela; bei einem von Haiti, das conchyliologisch nicht zu unterscheiden, sind jederseits nur zwei solcher Basalspitzen vorhanden, beide gleich stark, und bei einem andern aus Jamaika jederseits nur Eine ausgebildet nebst Spur einer zweiten. Im Uebrigen stimmt die Zunge überein und es scheint also hier eine gewisse Variabilität auch hinsichtlich der Zahl dieser Spitzen innerhalb der Art zu bestehen. Die nächste oder Zwischen-Platte (Fig. 13 d) ist 0,075 Mill. lang und 0,024 breit, nach hinten verschmälert und in einen feinen Stiel auslaufend, vorn an der Schneide mit 9 Spitzen, indem an die ziemlich stumpfe Hauptspitze nach innen 5, nach aussen 4 Nebenspitzen hinzutreten.

Die folgende oder innere Seitenplatte (Fig. 13 e) ist 0,072 Mill. lang. 0,015 breit, stark hakenförmig nach innen gebogen, so dass beide Endflächen fast parallel werden; der Aussenrand zunächst der Spitze trägt 20 kleine scharfe Nebenspitzen. Die äussere Seitenplatte (Fig. 13 f) ist 0,069 Mill. lang, 0,009 breit, gegen die Basis zu nur 0,003, und zeigt ungefähr 25 sehr kleine kaum erkennbare Nebenspitzen, welche gegen die Hauptspitze zu länger und deutlicher werden. Prof. Troschel fand im Innern einzelner Exemplare mehrere junge Schalen (Fig. 13 g und h), was darauf hindeutet, dass die Art vivipar ist, wie unsere grossen europäischen Paludinen.

Ich ziehe den Namen coronata vor, hauptsächlich weil er mehr charakteristisch ist als crystallina, indem wenigstens an den Exemplaren von Venezuela Kante und Dornen nie fehlen, und es noch zweifelhaft scheint, ob solche ohne Spur derselben überhaupt zu dieser Art gehören; zweitens auch, weil Pfeiffer, der Urheber beider Namen, coronata vorangestellt hat.

Hydrobia (cf. *stagnalis* L.)

Zugleich mit der vorigen und ebenso zahlreich findet sich in der „Schneckenerde" des Sees von Valencia eine glatte Hydrobie, 3½ Mill. lang, 1½ breit, Mündung 1 Mill. hoch, welche durch ihre schlankere Gestalt und die verhältnissmässig viel kleinere Mündung hinreichend von der vorigen verschieden ist, um nicht als dorn- und kantenlose Abart derselben betrachtet zu werden, um so mehr als auch an den oberen Windungen jede Spur von Kante oder Dornen fehlt; ich wüsste sie aber ebenso wenig als früher aus Surinam erhaltene Exemplare (Troschel's Archiv f. Naturgeschichte XXIV 1858 S. 177) von der gemeinen europäischen Brackwasserschnecke, H. stagnalis L., namentlich südfranzösichen Exemplaren, zu unterscheiden. H. Australis Orb. aus dem Brackwasser Südbrasiliens ist durch mehr konische Gestalt und verhältnissmässig grössere Mündung verschieden. P. affinis Orb. cub. S. 152 Taf. 11 Fig. 8 aus Sand von Cuba ist der Abbildung nach recht ähnlich, der Beschreibung nach aber kleiner, nur 2 Mill. lang, undurchbohrt, während unsere einen deutlichen meist ziemlich weiten Nabelritz zeigt, und die letzte Windung soll leicht kantig sein, was an der Abbildung aber nicht zu erkennen. H. Auberiana Orb. ist nach der Abbildung breiter und weitmündiger.

Hydrobia (Amnicola) Ernesti n. (Taf. 2. Fig. 12.)

Testa perforata, globoso-conica, solidula, laevis; anfr. 4—4½ convexi, sutura sat profunda discreti, ultimus rotundatus, ad aperturam non descendens; apertura vix obliqua, ovata, superne angulata, ⅓ longitudinis occupans; peristoma rectum, obtusum, continuum, angulo superiore paululum ab anfractu penultimo distante. Long. 2½, lat. 2½, apert. long. 1½ Mill.

Ebenfalls in der Schneckenerde des Sees von Valencia von Hrn. Ernst gefunden und, wie es scheint, die häufigste Art in derselben; sie erinnert an die nordamerikanische H. (Amnicola) porata Say, ist aber kleiner, verhältnissmässig höher und ihr Nabel enger; ferner ist der Mundsaum abweichend, da derselbe bei porata an der Parietalwand öfters unterbrochen ist und mindestens bis zur obern Ecke dicht anliegt. II. (A.) limosa Say hat weniger gerundete Windungen. Von den europäischen Arten lassen sich A. macrostoma Küst. und vestita Parr. (anatina Küster und Frauenfeld, vix Poiret) vergleichen, namentlich in Betreff der Mündung, sind aber kürzer.

c) NERITACEA.

Ein Deckel mit 1—2 Fortsätzen an seinem untern Ende. Zunge mit zahlreichen Seitenzähnen. Mündung halbkreisförmig, mit abgeplatteter Columellarwand.

Neritina.

Deckel aussen glatt, innen mit abstehenden Fortsätzen, Columellarrand fein gezähnelt (oder zahnlos).

Neritina zebra Bruguière Encycloped. method. pl. 455 fig. 3; Lamarck an. s. vert. ed. 2 VIII p. 570; Sowerby conchol. illustr. fig. 34; thesaur. conch. fig. 101, 102; Reeve conch. ic. fig. 39.

Venezuela, Starke im Berliner Museum. Orinoko, aus Gruner's Sammlung. Britisch Guyana, Schomburgk. Surinam, Kappler. Cayenne, Eyries. Ceará im nördlichen Brasilien, Zietz im Berliner Museum.

Schale kugelig, dunkel braungrün, oft fast schwarz, mit schwarzen Linien, die bald unter sich parallel, etwas schief und gebogen verlaufen, bald mehr im Zickzack und selbst zu einem Netzwerk sich verbinden können; Breite und Zahl derselben wechselt sehr. Naht oft schwarz. Gewinde ganz kurz, meist ausgefressen. Columellarfläche gewölbt, nach unten verbreitert, gelblich; Columellarrand selbst weiss, gezähnelt. Aussenrand innen weiss, verdickt, namentlich oben und unten. Schale 20 Mill. hoch, 21 im grossen, 14 im kleinen Durchmesser. Deckel aussen schwärzlich mit rothem Hautsaum, innen fleischroth, mit deutlicher Anschwellung in der Mitte; von den zwei Fortsätzen an seinem untern Theil ist die Rippe stark zusammengedrückt, hoch, gelb, der Zapfen stark, stumpf, schief, röthlich, beide bis zur Basis getrennt.

II. BIVALVIA. Süsswassermuscheln.

Unio (Prisodon).

Schale querverlängert, geflügelt; die vordern oder eigentlichen Schlosszähne langgezogen, quergestreift; hintere Seitenzähne gut ausgebildet, etwas runzlig.

Unio (Prisodon) syrmatophorus Gronov. Mya syrmatophora[1]) Gronov. zoophylacium 1781 nro. 1093 p. 260 Taf. 18 Fig. 1; Gmelin Linne syst. nat. ed. XIII p. 3222. — Hyria avicularis Lamarck hist. nat. an. sans vert. ed. 1. 1819, ed. 2 VI p. 561; Delessert recueil de coquilles p. 12 fig. 9; Hupé in Castelnau's voyage Am. du sud, moll. atl. pl. 15 fig. 2. — Hyria syrmatophora Sowerby gen. of shells; Küster in der neuen Ausgabe von Chemnitz, Unio S. 141 Taf. 41 Fig. 2.

---

[1]) Gronovius nennt den Artnamen syrmatophora zwar nicht bei der kurzen Beschreibung auf der angeführten Seite, sondern nur weiter hinten in einem besondern Register der Artnamen, so dass nur die Nummer zur Erkennung dient; der Name bedeutend schlepptragend, wegen des flügelförmigen Fortsatzes an der Hinterseite der Schale, vom griech. σύρμα. Prisodon mit gesägtem Zahn, von πρίζω = πρίων sägen; Hyria mythologischer Name.

Orinoko, von Gruner in Albers' Sammlung. Englisch Guyana. Schomburgk. Amazonenstrom, Castelnau.

Die Artunterscheidung in dieser Gruppe ist schwierig und bei reicherem Material dürften manche Unterschiede, auf welche besondere Arten gegründet wurden, sich als gradweise herausstellen. Die aus dem Orinoko mir vorliegenden Exemplare sind nur mittelgross, das grösste 75 Mill. lang, von den Wirbeln zur Mitte des Unterrandes 40 hoch, und 24 dick; die Wirbel liegen in ⅓ der Länge. Der Gesammtumriss gleicht der Abbildung bei Castelnau, er ist ein wenig gestreckter als die Abbildung bei Küster, aber ganz entschieden weniger gestreckt als Hyria elongata Swains. exotic. conchol. 1821 pl. 18, zu welcher ohne Zweifel auch Prisodon obliquus Schumacher essai nouv. syst. test. 1817 p. 139 Taf. 14 Fig. 2 und Diplodon furcatum Spix test. brasil. tab. 27 gehören dürfte; dieselbe unterscheidet sich neben der gestreckteren Gestalt auch noch durch die kürzeren Vorderzähne. Das vordere Flügelchen reicht bei allen vorliegenden Exemplaren aus dem Orinoko, der hintere Flügel nur bei den kleineren über die gewöhnlichen Endpunkte der Schalenlänge, wie sie oben gemessen wurde, hinaus; die Ausdehnung beider Flügel scheint aber überhaupt sehr variabel. Die Abbildung Gronov's zeigt nämlich vorn gar kein Flügelchen, und ebenso fehlt dasselbe der von Troschel H. humilis genannten Form aus Englisch Guyana, die im allgemeinen Umriss sich näher an elongata anschliesst, und auch die älteste Abbildung einer Art dieser Gruppe, Lister 160, 18 = Mya alata Gmel., zeigt keine eigentlichen Flügelfortsätze, stimmt aber in der Form mehr zu complanata Hupé. Die von den Wirbeln schief nach hinten herablaufende Kante ist bei den Exemplaren aus Orinoko nur oben deutlich und hier von zwei bis drei Runzeln begleitet, als Andeutung der bei den südamerikanischen Unionen so häufigen Radialrunzeln in der Wirbelgegend, und verliert sich dann allmählich. Die Aussenseite ist dunkel braungrün oder grünbraun, die Innenseite bei frischen Exemplaren blass rosenroth.

Cyrena.

Drei mittlere Schlosszähne in jeder Schale; vordere und hintere Seitenzähne ausgebildet. Wenig ungleichseitig.

Eigentliche **Cyrenen.** Seitenzähne glatt, die vordern kurz.

Cyrena arctata Deshayes Proc. Zool. Soc. 1854 p. 20; catal. Brit. Mus. Veneridae p. 253; Prime monogr. Am. Corbiculadae 1865 p. 16 mit Holzschnitt.

See Maracaibo; in Menge in der Cuming'schen Sammlung. (Das Wasser dieses Sees ist nach Appun „Unter den Tropen I S. 368" süss, obwohl er unmittelbar mit dem Meer zusammenhängt).

35 Mill. hoch und ebenso lang, 28 dick, concentrisch gestreift.[1]

Corbicula. Seitenzähne gekerbt, die vordern auch ziemlich lang.

Cyrena (Corbicula) cuneata Jonas Mal. Blätt. 1844. S. 186 und in den Abhandl. aus dem Gebiet d. Naturwissensch. Hamburg I 1846 S. 113 Taf. 17 Fig. 5; Philippi icon. II Taf. 1 Fig. 6. Corbicula incrassata Desh. Proc. Zool. Soc. 1854 p. 312. Corbicula c. Prime monogr. Am. Corbiculadae p. 6 mit Holzschnitt.

Orinoko, Gruner in der Albers'schen Sammlung.

Entschieden ungleichseitig und ziemlich flach gedrückt, das vorliegende Exemplar 14 Mill.

---

[1] Cyrena anomala „Bay of Caracas; Peru" Desh. loc. cit. p. 22 in Cuming's Sammlung dürfte wohl nicht von unserm Caracas in Venezuela sein, sondern wahrscheinlich von der Bai Caraques unweit Quito in Ecuador, wie auch schon Shuttleworth notitiae mal. p. 18 mit Recht darauf aufmerksam gemacht hat, dass alle Seeconchylien aus „Caracas" in Cuming's Sammlung dem stillen Ocean angehören.

lang, 13 hoch, und 8 dick, die Wirbel in ⅓ der Länge, die Aussenseite regelmässig concentrisch gerippt, glänzend olivengelb, die Innenseite rosenroth: am Unterrand greift die olivengelbe Cuticula auf die Innenseite über. Beide Seitenzähne langgezogen, der hintere fast doppelt so lang als der vordere, beide sehr fein gekerbt.

Cyclas.

Untergattung **Limosina** Clessin Mal Bl. 1872 S. 160. **Pisidium** subg. **Eupera** Bourguignat amenit. mal. I p. 30 und 69. (Revue zool. 1854.) Schlosszähne verkümmert, Seitenzähne deutlich. Schale etwas ungleichseitig und zwar (wie bei den meisten Muscheln) die Hinterseite länger.

Cyclas Bahiensis Spix testac. brasil. p. 32 Taf. 25 Fig. 5, 6. 1827: Prime monogr. Americ. Corbiculadae p. 53 fig. 52. — C. maculata Anton in Wiegmann's Archiv f. Naturgeschichte 1837 S. 284. — Sphaerium Bahiense Clessin Mal. Blätt. XIX 1872 S. 159, 160. (Taf. 2. Fig. 14.)

Caracas, Ernst. Von Spix im Fluss Peruaguaen der Provinz Bahia gefunden.

Schale höchstens bis 6 Mill. lang und 4 breit, an beiden Enden abgerundet, hornbraun, durch und durch schwarzfleckig, concentrisch gestreift; Hinterrand hoch, gerade abgestutzt; Wirbel in ⅓ der Länge, vorstehend, etwas aufgeblasen, glatt, aber nicht durch einen bestimmten Absatz, wie bei C. calyculata, abgegränzt. Schlosszähne auch unter einer starken Lupe kaum erkennbar. Seitenzähne verhältnissmässig stark. Prime's Sphaerium meridionale von Panama, l. c. S. 55 Fig. 54 ist sehr ähnlich, nur hinten etwas mehr schnabelförmig verlängert. Wagner bei Spix l. c. spricht von 2 Furchen, wahrscheinlich stärkeren Wachsthumsabsätzen, die an unsern Exemplaren, aber auch an den Abbildungen bei Spix und Prime, nicht in bestimmter Anzahl zu sehen sind.

Nach Prime l. c. p. 54 würde in Venezuela eine andere nahe verwandte Art, die mehr längliche, hinten etwas geschnabelte *C. modioliformis* Anton = Cyclas Venezuelensis Prime im Leidener Museum, vorkommen. Die vorliegenden Exemplare gehören nach Anton's und Prime's Beschreibung und Bourguignat's Abbildung Amenit. mal. I 3. 13—17 nicht dazu, sondern zur oben bezeichneten Art; es ist aber wohl möglich, dass beide in Venezuela vorkommen.

Ueber die Weichtheile schreibt mir Herr S. Clessin, dem ich Exemplare in Spiritus zugeschickt, Folgendes: Die Kiemen, zwei jederseits, sind denen von Sphaerium (Cyclas) bezüglich der Grösse und Form gleich. Die beiden Siphonen sind zwar an der Basis zusammengewachsen, stehen aber weiterhin gabelförmig auseinander und scheinen kürzer zu sein als bei Sphaerium. Der Mantel ist einfarbig weiss, ohne Flecken. Mundlappen waren nicht zu erkennen. Die Jungen sind bis zu einer ziemlichen Grösse, wie bei Pisidium, zwischen Mantel und Kiemen untergebracht.

Die Untergattung Limosina Clessin 1872 fällt mit der von Bourguignat als Eupera benannten Unterabtheilung von Pisidium (1854) zusammen; da aber bei Pisidium der vordere, bei Limosina der hintere Theil der Schale verlängert ist, so steht Limosina nicht etwa Pisidium näher, sondern im Gegentheil der Schale nach ferner, als die normalen ziemlich gleichseitigen Cyclas. Der Name Eupera bezieht sich auf Pera Leach = Pisidium und wäre daher mehr für normale Pisidien bezeichnend.

C. Brackwasser-Mollusken.

Eine Anzahl von Schnecken und Muscheln, die noch nicht zu den eigentlichen Meerbewohnern gerechnet werden können, lebt doch wesentlich in der nächsten Nähe des Meeres, theils an feuchten Stellen zeitweise über Wasser, theils und hauptsächlich an Flussmündungen und in Lagunen in halbgesalzenem Wasser. Wir fassen dieselben unter obiger Bezeichnung zusammen.

Melampus.

Ohne Deckel. Augen an der Basis der Fühler. Schale länglich-eiförmig, mit kurzem Gewinde und langer enger Mündung, solid; eine Falte unten am Columellarrand und meist eine oder zwei darüber an der Mündungswand; ein oder mehrere Querfalten an der Innenseite des Aussenrandes der Mündung. (Familie Auriculacea.)

Melampus	Schale	Innenseite des Aussenrandes	Färbung	Länge	Breite
flavus	verkehrt konisch	zahlreiche Falten	gelbbraun, hellgebändert	12	8¾
pusillus	länglich eiförmig	Eine starke weisse Querfalte	dunkelrothbraun, einfarbig	11	8

Melampus flavus Gmel. sp. Pfr. mon. auric. p. 21. Lister hist. conch. pl. 834 fig. 60; Voluta flava Gmelin. — Auricula monile Ferussac prodr. n. 22; Lam. an. 2 vert. ed. 2 VIII p. 333; Küster in Chemnitz neue Ausg. Auriculaceen Taf. 4 Fig. 7—9.

Puerto Cabello, Moritz. Ueberhaupt an den Küsten Westindiens verbreitet, und auch in Westafrika, wo er z. B. von H. Dohrn auf der Prinzeninsel gesammelt worden, vorkommend. *Melampus pusillus* Gmel. sp. Pfr. mon. auricul. p. 46. — Martini Conch. Cab. Band II S. 127 Fig. 446. Voluta pusilla Gmel. — Auricula ovula Ferussac prodr. nr. 21. — Auricula nitens Lam. an. s. vert. ed. 2 VIII p. 332; Küster Aur. Taf. 2 Fig. 11—13.

Puerto Cabello, in Mehrzahl, Moritz. Auch auf den westindischen Inseln — den bei Pfeiffer aufgeführten können wir die Bahamainsel Providence hinzufügen — und ebenfalls auf der Prinzeninsel von H. Dohrn gesammelt.

Vielleicht dürfen wir auch die schon oben erwähnte Cyrena arctata doch auch zu den Brackwasser-Mollusken rechnen; wenigstens sind es mehrere ihrer nächsten Verwandten in Amerika und Ostindien, während die Untergattung Corbicula entschiedener dem süssen Wasser angehört. An der Mündung des Orinoko dürften noch verschiedene andere Brackwasser-Mollusken vorkommen, so namentlich die durch ganz Westindien und bis Brasilien verbreiteten Melampus coffea und Neritina virginea L.[1]) (mit meleagris Lam.), die schon auf Trinidad beobachtet sind, sowie Ostrea parasitica Gmel. und Iphigenia Brasiliensis (Capsa) Lam., welche Kappler aus Surinam eingesandt hat.

---

[1]) Gloyne hat in Jamaica die interessante Beobachtung gemacht, dass diese Art in süssem Wasser am grössten, in brackischem kleiner und im Meer selbst am kleinsten ist.

Uebersicht der Arten.

	Neu-Granada	Trinidad	Brit. Guyana	Surinam	Cayenne	Sonst
Cyclotus Popayanus Lea. II.	. . .	. .				Ecuador
— stramineus Rve. II. V.						
— translucidus Sow. I. II.	. .	—				
Cistula Tamsiana Pfr. II.						
Chondropoma plicatulum Pfr. II.						
— Venezuelense Pfr.						
Helicina concentrica Pfr. II.	. . . .					Mexico
— — var. Ernesti II.						
— lirata Pfr.	. . .					Yucatan, Mexico
— gonochila Pfr. II.						
— Columbiana II.						
— — var. Appuni II.						
— Kieneri Pfr. II.						
— Tamsiana Pfr.	. . .					
— Candeana Orb. II.	.					Honduras
— crassilabris Phil.						
Proserpina Swiftii Bland II.						
Vaginulus (Occidentalis Guild.?) II.					—	St. Vincent
Arion? sp. II.						
Glandina lignaria Rv. II.						
— subvaricosa Alb.						
Stenopus Guildingi Bland II.						
Hyalina cuspira Pfr.	.		.			Brasilien
— sp.						
Streptaxis Funcki Pfr. IV.						
— deformis Fer. II.	.		—	—	—	
— Candeanus Petit II.		—				Bahia
— conoideus Pfr. II.						
Helix (Lab.) plicata Born II.	.	—				
— — bifurcata Desh. II.		—	?	—	—	
— — leucodon Pfr. II.					—	
— — Tamsiana Dkr. II.						
Bulimus (Borus) oblongus Müll. II.	. . .	—	—	—	—	Bolivia, ganz Brasilien, Trinidad; Barbados
— (Dryptus) marmoratus Dkr. II. III.						
— — pardalis Fer. I.	. . .	—				
— — Funcki Nyst II. III. V.		.				
— — Moritzianus Pfr. II. IV.						
— — fulminans Nyst II. III.						
— — var. Blainvilleanus Pfr. II. IV.						
— — var. Loveni Pfr. II.						
— — plumbens Pfr.						
? — — coloratus Nyst III?						Ecuador
? — (Eurytus) Cathcartiae Rve. II? IV.						
— (Peleeychilus) distortus Brug. II.						
— — euryomphalus Jonas II. III.		—				
— — sinuatus Alb. II.						
— — otostomus Pfr. II.						
— (Amphinus) perdix Pfr. II?	. .	—				

	Neu-Granada	Trinidad	Brit. Guyana	Surinam	Cayenne	Sonst
Bulimus (Anthinus) Midas Pfr.						
Tomigerus Venezuelensis Pfr.						
Otostomus glaucostomus Alb.						
(Drymaeus) trigonostomus Jonas II. III. V.						
— fabrefactus Rve. IV?			—			
— Deshayesii Pfr.						
— depictus Rve. II. IV.			?			
var. ictericus II.						
incarnatus Pfr.						
— debilis Beck II.						—
(Mesembrinus) Menkei Gruner V.						
? — virgulatus Fer. II?						Kl. Antillen
- (Mormus) virginalis Pfr. II.			?			Südl. Mexico?
— flavidus Mke. II.						
— membranaceus Phil. II.						Mexico? Brasil.?
? ? — roseatus Rve.			—			
? ? — demotus Rve.						
(Leptomerus) cacticolus Rve. II.						
Bulimulus constrictus Pfr. II. V.						Ecuador
Orthalicus Ferussaci Mart. II. V.			—			Mexico, N.Brasil.
- Maracaibensis Pfr. I.						
obductus Shuttl. II.						Haiti und Kleine
varius n. II. V.			—			Antillen, Bolivia,
Stenogyra (Opeas) micra Orb. II.			—			Brasilien bis Rio Janeiro
— — subula Pfr. I.						Antillen
- octonoides C. B. Ad. II.					.	Antillen
(Subulina) octona Chemn. II. IV.					.	Antillen
Tornatellina Funcki Pfr. IV.			?		—	Insel Grenada
perforata Pfr.						
Clausilia Dohrni Pfr. IV?						
?? Cylindrella Hanleyana Pfr.						
Succinea Tamsiana Pfr. II. III.						
— (Homalonyx) unguis Fer. II.						Brasilien,Bolivia? Guadelupe
Planorbis Guadelupensis Sow. II.			.		—	Guad., Portorico
? lugubris Wagn. II.					—	Brasilien
straminens Dkr. II. IV?						Nördl. Brasilien
cultratus Orb. II.						Antill., N. Brasil.
cimex Moric. II.						Antill., Brasilien
lucidus Pfr. II.						Antillen
promus n. II.						
Physa rivalis Mat. II.			—			Antill., Brasilien, Argentina
— Venezuelensis Mart. IV?						
Ancylus Moricandi Orb. II.						Bras., Argentina
- Sauleyanus Bourg. Proc. zool. soc. 1853 II.						
Ampullaria (Doliform.) urceus Müll. V.			—		—	
(Piriform.) oldonga Swains. III. V.						
— papyracea Spix			—			Nördl. Brasilien
— eximia Dkr. (I. II.)						
? (Cyclost.) cyclostoma Spix						Bras., Argentina
(Helicif.) Tamsiana Dkr. II.						
(Effusae) cingulata Phil. II.						
— lateostoma Swains. II. III.			—			
— castanea Desh. II. V.						

	Neu-Granada	Trinidad	Brit. Guyana	Surinam	Cayenne	Sonst
Ampullaria (Effusac) Orinocensis Zgl. V.			.		—	—
— — glauca L. (effusa auct.) II. III.	.	—		—		Antillen, ?Bolivia
— (Ceratodes) cornu-arietis L. II. III.	—		—	.		?Brasil, Argentina
Hydrobia coronata Pfr. II.			—			Am.,Campeche-b.
— cf. stagnalis L. II.					—	Europa
— (Amnicola) Ernesti n. II.						
Melania (Pachychilus) laevissima Sow. II.						Südl.Mexico,Central-Amerika
— — Gruneri Jonas V.						
— (Melania) atra Richard II.				—	—	
— (Hemisinus) lineolata Wood					—	Nördl. Brasilien
— — Venezuelensis Reeve II.						
Neritina zebra Lam. IV.			—	—	—	
Unio (Prisodon) syrmatophorus Gronov						Amazonenstrom
Cyrena arctata Desh.						
— (Corbicula) cuneata Jonas						
Cyclas (Limnosina) Bahicnsis Spix II.	.					Nördl. Brasilien
— — modioliformis Anton						

Die römischen Ziffern der obigen Uebersicht bezeichnen die einzelnen Gegenden Venezuela's, aus welchen die betreffende Art bis jetzt bekannt ist, und zwar

a) An und nahe der Küste von Westen nach Osten
  I. Maracaibo.
  II. Puerto Cabello, Valencia, La Guayra und Caracas.
  III. Cumana und Caripe.
b) Im Binnenland
  IV. Merida im westlichen Theil, gegen Neu-Granada hin, Flussgebiet des Sees von Maracaibo.
  V. Vom untern Orinoko.

Von weiter landeinwärts, dem Gebiet des obern Orinoko, ist leider noch gar nichts bekannt. Verhältnissmässig am reichlichsten ist die Gegend von Puerto Cabello und Caracas vertreten, doch dürften auch hier noch manche, namentlich kleinere Arten zu finden sein; so ist z. B. die Gattung Pupa in der betreffenden Fauna noch gar nicht vertreten. Die grössern Bulimus-Arten der Gruppe Dryptus scheinen in der Küstengegend überhaupt von Maracaibo bis Cumana ihre eigentliche Heimat zu haben: von den Orthalicus ist obductus der mittlern und Maracaibensis der westlichen Küstengegend, so viel wir bis jetzt wissen, eigenthümlich. Das westliche Binnenland, Merida, hat mehrere eigenthümliche Arten und scheint, wie nach seiner Lage wohl begreiflich, mehr mit Neu-Granada als mit der Küstengegend Venezuela's übereinzustimmen. Der Orinoko bietet hauptsächlich einige grosse Ampullarien (urceus und Orinocensis); Angostura bietet einen eigenthümlichen Bulimulus (Menkeanus), der vielleicht in dem südlich davon beginnenden Bergland eigentlich zu Hause ist und es ist zu erwarten, dass daselbst noch manche neue und schöne Art zu finden sein dürfte, ähnlich den zahlreichen, die das Nachbarland Neu-Granada noch fortwährend den Conchyliologen liefert und von denen wir hier nur an Helix Gibbonia und praestans, Bulimus Gibbonius, Lamarckianus, succineoides, irroratus, Orthalicus irisans Pfr. (Wallisianus Mouss.), Powisianus, Adamsoni und die Gattung Rhodea erinnern. Das Thal von Quito in Ecuador, freilich auch 10—11 Breitengrade südlicher als Caracas und Merida, hat nach Bland's Zusammenstellung der dortigen Mollusken (American Naturalist V 1871 p. 696) nur Eine Art, Cyclotus Popayanus, mit unserem Gebiete gemein.

Es möge erlaubt sein, hier namentlich noch die Arten anzuführen, welche das Berliner

Museum in letzter Zeit durch den Naturalienhändler C. Wessel aus Ocana in Neu-Granada erhielt, da dieser Ort nahe der Gränze von Venezuela und noch im Flussgebiete des Sees von Maracaibo liegt:

Cyclotus Dysoni Pfr.

Helix (Labyrinthus) subplanata Petit var., die Schale hat die Grösse und dunkle Farbe der plicata, aber die Anordnung der Zähne ist die von subplanata.

— — isodon Pfr. mit starker Parietalfalte, 2 Zähnen am Basal- und 2 am Aussenrand.

— (Solaropsis) praestans Pfr.

Bulimus speciosus Pfr., zwischen Blainvilleanus und Moritzianus aus Venezuela stehend, mit hammerschlagartigen Eindrücken und gelbrothem Mundsaum.

Otostomus roseatus Reeve (Bulimus).

— semifasciatus Mouss. (Bulimus) Mal. Blätt. XVI 1869.

Clausilia Dohrni Pfr.

— perarata u. s. oben S. 193.

Ampullaria placostoma Phil. = porphyrostoma Reeve.

— Swainsoni Phil.?

— semitecta Mouss. Mal. Blätt. 1873.

— rotula Mouss. vgl. oben S. 206.

Castalia multisulcata Hupe in Castelnau voy. Am. mer. = ccarinata Mouss. Mal. Blätt.

Ueber die Insel Trinidad, welche der Küste von Venezuela so nahe liegt, besitzen wir ein neueres Mollusken-Verzeichniss von Lechmere-Guppy in den Annals and Magazine of nat. hist. (3) XVII 1866 p. 42—55 und Proc. of the scientific association of Trinidad 1868; über Cayenne oder französisch Guyana eines von H. Drouet, essai sur les mollusques terr. de la Guyane française, Paris 1859 108 S. mit 4 Tafeln, 8. nach den Sammlungen von Lieutenant Ch. Eyriès 1852—1856, während mir für Britisch-Guyana (Demerara) nur einige Angaben in Sowerby's Monographieen und die Bemerkungen Prof. Troschel's in Rich. Schomburgk's Reisen in Britisch-Guyana und für Surinam die Notizen von Dr. Pfeiffer über einige von Achtnich und von Kühn gesammelte Arten in den Mal. Bl. III 1857 S. 157 und XIX 1872 S. 74 bis 76 und eine handschriftliche Liste der von Hrn. Kappler von da dem Stuttgarter Naturalienkabinet zugesandten Conchylien zu Gebot stehen. Hienach sind die betreffenden Spalten in der obigen Uebersicht so weit möglich ausgefüllt und im Folgenden die auf Trinidad und in Guyana, aber bis jetzt noch nicht in Venezuela gefundenen Arten zusammengestellt:

	Trinidad	Brit. Guyana	Surinam	Cayenne
Cyclotus	rugatus	suturalis, discoideus		
Cyclophorus	? semidecussatus [1]			Cayennensis
Adamsiella	Aripensis	variabilis, chlorostoma		
Helicina	nemoralis, barbata, ignivoma	sericea	hispida, Kühni	
Vaginulus	Sloanei			
Glandina	minutissima	striata, fulminea		
Spiraxis	simplex			
Hyalina	implicans, umbratilis			Cayennensis, decolorata
Conulus	vacans			
Streptaxis				Deplanchei

[1] Cyclostoma semidecussatum Pfr. Chemn. ed. nov. 21, 17—19. im Habitus ähnlich den mexikanischen Cyclophorus.

	Trinidad	Brit. Guyana	Surinam	Cayenne
Ennea	bicolor (eingeschleppt)			
Helix	cacca, Jerensis, bactricola	Cassiquiensis		adspersa (eingeführt)
— (Thelidomus)	.	. . . .	. . . .	discolor
— (Dentellaria)	.	. . . .	. . . .	orbiculata, Isabellae, dentiens, nux-denticulata, badia
— (Pleurodont.)	. . . . . .	Bainbridgei?		
— (Labyrinthus)	.	. . . .	. . . .	Leprieurii, auriculina
— (Solaropsis) .	.	. . . .	pellis-serpentis, monolacea, serpens, Kühni Surinamensis	pellis-serpentis c. varr.
Bulimus (Pelecychil)	auris-sciuri	glaber	glaber	glaber, auris-Sileni
Otostomus . .	multifasciatus, immaculatus, mundus	cinnamomolineatus, papyraceus	Ziegleri	multifasciatus, rufolineatus, Guadelupensis, papyraceus?
— (Leptomerus)	fraterculus, tenuissimus	. .		tenuissimus, fraterculus, orthodoxus, Eyriesi
— (Eudioptus) .	. . . .			limpidus
Orthalicus . .	. . . .	gallina-sultana . . .	gallina-sultana, Bensoni	gallina-sultana
— (Corona) . .	.	melanostomus . .	melanostomus . . .	regina
Chersina	. . . .			virginea?
Stenogyra . . .	plicatella, coronata	. . . .	trochlea	
Tornatellina . .	lamellata, costellosa .	. . . .	lamellata	lamellata
Papa	Eyriesi, uvulifera, auriformis	Antonii, conoidea . .	.	Eyriesi
Cylindrella . . .	Trinitaria			
Simpulopsis . . .	corrugata			
Succinea	approximans		. . . .	rubescens, propinqua
Planorbis	Terverianus			
Ampullaria (piriform.)	. . . . . .	retusa		
— (cassidiform.)	.	. . . .	?Chemnitzii	fasciata, oviformis, Chemnitzii, puncticulata, Welwitschiana
— (doliiform.) .	.	zonata, canaliculata		
— (neritoid.) .	.	Sinamarina	. . . .	Sinamarina
Hydrobia	spiralis			
Melania	.	Lamarckiana decollata, brevior, chloris, Macapa	. . . . . .	decollata
— (Pachychilus)	.	. . . .	Hohenackeri	
Anodonta	.	ensiformis		
Monocondylea . .	.	Parchappii		
Prisodon (Hyria)	.	corrugata, humilis[1])		
Castalia	.	ambigua		
Unio	.	Demerarensis . . .	. .	granosus
Cyrena	.	. . . .	.	?aequilatera Desh.[2])
— (Corbicula) .	.	. . . .	rotunda	
Auricula	.	pellucens		
Melampus . .	coffea .	. . . .		coffea
— (Antonoë)	riparius			
Neritina	microstoma u. meleagris			virginea
Iphigonia	. . . .		Brasiliensis	
Ostrea	. . . .		parasitica	

[1]) Schomburgks Hyria, aus dem Rupunnifluss, von Troschel als corrugata Lam. bestimmt, entspricht ziemlich gut der von Hupé in Castelnau's Reise als H. depressa unterschiedenen Form.

[2]) Deshayes Proc. Zool. Soc. 1854 p. 20. Prime monogr. Am. Corbiculadae p. 22, 23 erklärt dieselbe für identisch mit Mexicana Brod und bezweifelt daher ihr Vorkommen in Cayenne.

Aus dieser Uebersicht geht hervor, dass bei allgemeiner Uebereinstimmung in den Gattungen denn doch die Arten noch merklich auseinandergehen. Auffällig ist die verhältnissmässig reiche Vertretung der für die kleinen Antillen charakteristischen Gruppe Dentellaria in Cayenne, das auch in Chersina virginea L. (Achatina bei Lam.) eine ächt westindische Form aufweisen soll.

Bland gibt bei seiner Arbeit über die geographische Verbreitung der westindischen Landschnecken (Ann. Ayc. n. h. New-York VII 1861) 21 Arten und 29 Gattungen von Landschnecken an, welche dem Festland von Südamerika und irgend einer der westindischen Inseln gemeinschaftlich seien, zugleich theilt er die letztern in zwei grosse Gruppen ein, die grossen Antillen in westöstlicher Reihe, von Cuba bis Anguilla (nebst den Bahamainseln), deren Fauna mehr mit Nordamerika, und die kleinen Antillen oder karaibische Inseln, Inseln über dem Winde, in nordsüdlichem Bogen von S. Christoph bis Trinidad, deren Fauna mehr mit Südamerika übereinstimme. Die Zahl jener gemeinsamen Arten können wir nun hienach um sechs (Cyclotus translucidus, Otostomus virgulatus, Stenogyra octonoides, subula, Streptaxis deformis und Succinea unguis) erhöhen und jene Gruppirung in sofern bestätigen, als unter den Landschnecken nur die kleinen weitverbreiteten Stenogyren auch die grossen Antillen bewohnen, die andern gemeinsamen sich aber auf die kleinen beschränken (abgesehen von der eben erwähnten Chersina virginea). Etwas anders verhält es sich mit den Süsswasserschnecken, von denen zwar auch die grössern Arten von Ampullarien und die Melanien gar nicht auf den Antillen, Planorbis Guadelupensis nur auf den kleinen, aber andere Planorbis und Physa rivalis auch auf den grossen Inseln vorkommen.

Das Ueberwiegen der Bulimus über die Helix, die verhältnissmässig geringe Rolle der Cyclostomiden und der grössern Süsswasserconchylien (namentlich auch die Bivalven Guyana's, die wohl auch noch in Venezuela zu finden sein dürften) sind wesentliche Charaktere, welche die Fauna Venezuela's und Guyana's als einen Theil der allgemein südamerikanischen im Gegensatz zur westindischen erscheinen lassen, wobei allerdings nicht zu verschweigen ist, dass gerade durch die gezahnten Helixarten und einige Cyclostomiden wieder eine Annäherung an die westindische stattfindet. Wenn wir die der Küste des Festlandes so nahe gelegene Insel Trinidad noch zu Südamerika rechnen wollen, so dürfen wir auch die Gattung Streptaxis als südamerikanisch im Gegensatz gegen westindisch in Anspruch nehmen. Von den andern Küsteninseln Venezuela's ist noch fast nichts von Land- und Süsswasserschnecken bekannt; Bland führt in seiner Arbeit nur die Insel Curassao mit 3 Arten auf. Helix pentodon, Pupa (Strophia) uva und Tudora megachilos, was lauter eigentlich westindische Formen sind (die erstgenannte vermuthlich eine unausgewachsene Pupa der Gattung Strophia), sodass, wenn wir uns hierauf verlassen dürften, auffälliger Weise Curassao in seiner Fauna weit mehr vom Festland Südamerika's abweichen würde als Trinidad.

Liste der angeführten Werke.

Abhandlungen aus dem Gebiete der Naturwissenschaften, herausgegeben von dem naturwissenschaftlichen Verein zu Hamburg. Band I. 1846. 4.
Adams, C. B., contributions to conchology, Amherst und New-York. No. 1—9. 1849. 1852. 8.
— s. auch Proc. Bost. Soc. 1845.
American Journal of conchology, edited by Tryon. Philadelphia. vol.VI 1870—71 u.VII 1872. 8.
American Naturalist. Salem., vol. V. 1871. 8. (Orton, Nat. Gesch. v. Quito).
Annals of the Lyceum of natural history of New-York. vol. VII. 1861, VIII. 1865 und X. 1872. 8. (Bland und Binney).
Annals and Magazine of natural history. London, 2 series, vol.VII 1851 (Reeve geogr. Verbr. v. Bulimus) third series. vol. XVII. 1866 und fourth series vol. I 1868 (Lechmere Guppy Moll. v. Trinidad).
Appun, Carl Ferd., Unter den Tropen. Wanderungen durch Venezuela u. s. w. Bd. I. Jena 1871. 8.
Archiv für Naturgeschichte, herausgeg. v. Wiegmann, Band III. 1837 (Anton); VI. 1839 und VII. 1840 (L. Pfeiffer Moll. v. Cuba); VII. 1841 (Gruner); fortgesetzt von Erichson u. Troschel, Bd. XV. 1849; XVIII. 1852 (Troschel Moll. v. Peru); XXIV. 1858 (v. Martens, Brackwasserthiere). Berlin. 8.
Beck, index molluscorum praesentis aevi musei Christiani Frederici. Kopenhagen 1837. gr. 8.
Bland, on the geographical distribution of the genera and species of land-shells of the West India islands. New-York 1861. 8. Abdruck aus Ann. Lyc. n. h. N.-York VII.
Born. Testacea Musei Caesarei Vindobonensis. Wien 1780. fol.
Brot. matériaux pour servir à l'étude de la famille des Mélaniens III. Génève 1872. 8.
Brown, A. D., catalogue of the genera Helix etc. in his collection. Princeton N. J., second edition 1866. 8.
Bruguière. histoire naturelle des Vers, vol. I. 1791. 4., ein Theil der bekannten Encyclopédie méthodique.
Bulletin de l'Académie royale des sciences et belles lettres de Bruxelles. vol. XII. 1845. 8.
Castelnau, expédition dans l'Amérique du sud, zoologie, mollusques par Hupé. Paris 1857. 4.
Chemnitz, neues systematisches Conchylien-Cabinet. Band IX. 1786 und X. 1788 Nürnberg. 4to.
— neue Ausgabe desselben von H. C. Küster. Familie Auriculaceen von Küster. Gattungen Helix, Bulimus. Cyclostoma und Helicina von L. Pfeiffer. Planorbis und Physa von Dunker (nicht in den Buchhandel gekommen). Unio von Küster. Nürnberg 1844 bis 55. 4to.
Delessert, recueil des coquilles décrites par Lamarck. Paris 1842. fol.
Drouet. essai sur les mollusques terr. et fluv. de la Guyane francaise. Paris 1859. 8.
Encyclopédie méthodique, histoire naturelle des Vers par Bruguière, Lamarck etc. Planches vol. III. Paris 1791 u. ff. h.
Férussac (prodrome oder) tableaux systématiques des animaux Mollusques suivies d'un prodrome général etc. Paris 1822. fol.
— histoire naturelle générale et particulière des Mollusques terrestres et fluviatiles, continuée par Deshayes. Paris 1820—1851. 4 Bände fol.
Fischer et Crosse, Etudes sur les Mollusques terrestres et fluviatiles du Mexique et du Guatemala, erste Lieferung, bildet den siebenten Theil der Recherches zoologiques in dem grössern Werk: Mission scientifique au Mexique et dans l'Amérique centrale, ouvrage publié par ordre de S. M. l'Empereur etc. Paris 1870. gr. 4.

Gronovius, zoophylacium Gronovianum. Fascic. III. Leiden 1781. fol.
Guérin, iconographie du règne animal. Mollusques Paris 1829—44. gr. 8.
Hupé s. Castelnau.
Jonas s. Abhandl. Nat. Hamb. 1846.
Journal de Conchyliologie, par Petit, continué par Fischer. vol. V (série 2 vol. I) Paris 1856. 8.
— d'histoire naturelle, rédigé par Lamarck, Bruguière, Olivier etc. Paris. Tome II. 1792. 4. (konnte ich nicht selbst vergleichen).
Knorr, Vergnügen der Augen und des Gemüths in Vorstellung einer Sammlung von Muscheln etc. Fünfter Theil 1771. Nürnberg. 4.
Küster s. Chemnitz, neue Ausgabe.
Lamarck, histoire naturelle des animaux sans vertèbres. Band VI. 1822. Zweite Ausgabe von Deshayes Band VI—IX. 1835—1843. Paris. 8.
Lechmere-Guppy. s. Proc. soc. scient. Trinidad u. Ann. Mag. n. h. 1864 und 1866.
Linne, systema naturae ed. X. Stockholm 1758. 8. — ed. XIII. von Gmelin, tom. I pars VI. Leipzig um 1791. 8.
Lister, historia conchyliorum. London 1685. fol.
Magasin de zoologie par Guérin-Méneville (première série). Jahrgang 1834, 1835 und 1838. Paris. 8.
Malakozoologische Blätter, herausgegeben von Pfeiffer. Cassel 1854—1872. 8.
Martini, neues systematisches Conchyliencabinet. Band II. 1771. Nürnberg. 4. — Die Fortsetzung davon s. Chemnitz.
Mémoires de la société de physique et d'histoire naturelle de Genève. tome VI. 1833, VII. 1836, VIII. 1839, IX. 1841 und XI. 1846. 4. (Moricand coq. terr. et fluv. de Bahia. part I—V.)
— de la société royale de Liège (Lüttich). tome I. 1843—44. (Nyst).
Menke, Verzeichniss der ansehnlichen Conchyliensammlung des Freiherrn von der Malsburg. Pyrmont 1829. 8.
Morelet, A., testacea novissima insulae Cubanae et Americae centralis. Paris 1849. II. 1851. 8.
Moricand. Stef. s. Mem. soc. phys. Genève.
Müller, O. Fr., Vermium terrestrium et fluviatilium etc. historia. vol. II. Kopenhagen 1774. 4.
Nyst s. Bull. ac. Belg. 1844 und Mém. soc. sc. Liège 1843.
Orbigny, Alc. d', voyage dans l'Amérique méridionale, vol. V. Mollusques. Paris 1837—40. gr. 4.
— moll. cub. s. Ramon de la Sagra.
Pfeiffer, L., symbolae ad historiam Heliceorum. fasc. I. Cassel 1841. 8.
— monographia Heliceorum viventium. vol. I. II. 1848, III. 1853, IV. 1859, V. 1868, VI. 1868. Leipzig. 8.
— monographia Pneumonopomorum viventium. Cassel 1852. 8. Supplemente dazu 1858 u. 1865.
— — Auriculaceorum viventium. Cassel 1856. 8.
— Novitates conchologicae, Mollusca extramarina, vol. I—III. Cassel 1854—1869. gr. 4to.
Philippi, R. A., icones conchyliorum, Abbildungen und Beschreibungen neuer oder wenig gekannter Conchylien. Band I—III. 1842—1850. Cassel. 4to.
Potiez et Michaud, galérie des Mollusques du Musée de Douai. 2 Bände. Paris 1838—1845. 8.
Prime, Monograph of American Corbiculadae. Washington 1865. 8. (Smithson. miscell. coll. 145.)
Proceedings of the Boston society of natural history. Jahrg. 1845 (neue Arten von C. B. Adams).
— of the scientific Association of Trinidad. 1868. 8.
— of the zoological society of London. 1833—72. 8.
Reeve, conchologia systematica. 2 Bände. 1841—43. London. 4.

Reeve, conchologia iconica, vol. V. Bulimus und Achatina 1848—50; vol. VII. Helix 1851—54;
vol. IX. Neritina 1856; vol. XIV. Cyclotus und Chondropoma 1863; vol. XII. Melania
und Hemisinus 1861. London. gr. 4.
— s. auch Ann. Mag. n. h. 1851.
Revue zoologique, par Guérin Méneville, Jahrgang 1842. Paris. 8. — Revue et Magasin de
Zoologie, von ebendemselben, Jahrg. 1851. Paris. 8.
Schumacher, essai d'un nouveau système des habitations des Vers Testacés. Kopenhagen 1817. 4.
Scopoli, deliciae florae et faunae Insubricae seu novae et minus cognitae species plantarum
et animalium etc. Ticini (Pavia) 1786. fol.
Seba, locupletissimi rerum naturalium thesauri accurata descriptio et iconibus artificiosissimis
expressio. Amsterdam. Band III. 1761. fol.
Shuttleworth, Diagnosen neuer Mollusken No. 7. Aus d. Mittheilungen der naturforsch. Ge-
sellsch. zu Bern. Juni 1854. 8.
— notitiae malacologicae I. Bern 1856. 8.
Sowerby. G., the genera of recent and fossil shells. London. 2 Bände. 1820—24. 8.
— the conchological illustrations. London 1832—40, zweite Ausgabe 1840—45. 8.
— thesaurus conchyliorum, vol. I und II. London 1842—1860. gr. 8.
Spix, testacea fluviatilia quae in itinere per Brasiliam annis 1827—29 collegit, digess. J. A.
Wagner. München 1828. fol.
Transactions of the Linnean society of London. vol. X. 1811. London. 4. (Maton über Moll.
v. Laplata.)
Troschel s. Archiv f. Naturgeschichte.
Valenciennes in Humboldt et Bonpland, recueil d'observations de zoologie et d'anatomie com-
parée, faites dans un voyage aux tropiques dans les années 1799 à 1804. Zweiter Band.
Paris 1827. 4. Bildet einen Theil von Humboldt's Reisewerk.
Zeitschrift für Malakologie, herausgegeben von Menke und Pfeiffer. Hannover und Cassel
1844—1853. 8.

Nachtrag.

S. 200 ist hinzuzufügen:
Ancylus Santegauus Bourguignat Proc. Zool. Soc. 1853 p. 92 pl. 25 fig. 26—33, aus kleinen Bächen bei Puerto Cabello. radial gestreift, konisch mit ovaler Grundfläche, wie
unser Anc. fluviatilis, 4—4½ Mill. lang, 3 breit und 2 hoch, während Anc. Moricandi
langgestreckt und flach. ähnlich unserm lacustris, 6 Mill. lang, 3 breit und nur 1½
hoch ist.
S. 214 ist zu berichtigen, dass Bulimulus oblongus auch in Cayenne vorkommt. wie schon
S. 171 angegeben ist.

Namen-Register.

Achatina lamellata 192.
— lignaria 164.
— octona 191.
Amnicola crystallina 208.
Ampullaria cassidiformis 202.
— castanea 201, 203.
— chiquitensis 204.
— cingulata 201, 202.
— cornu-arietis 201, 204.
— crocostoma 203.
— cyclostoma 201, 202.
— eximia 201, 202.
— Geveana 204.
— glauca 201, 204.
— Guadelupensis 204.
— Guyanensis 201,202,203.
— Knorri 204.
— lateostoma 201, 203.
— oblonga 201, 202.
— Orinocensis 201, 204.
— papyracea 201, 202.
— rotula 205.
— rugosa 201.
— urceus 201.
Ancylus Bahiensis 200.
— Moricandi 200.
— Sauleyanus 215, 222.
Anthinus 177.
Arion 164.
Auricula monile 213.
— nitens 213.
— ovula 213.
Auris-Midae distorta 175.
Borus 171.
Bulimulus 177.
— constrictus 178.
Bulimus amethystoides 174.
— Angosturensis 179.
— astrapoides 171, 172.
— auris-leporis 179.
— bellulus 173.
— Blainvilleanus 170, 173.
— cacticolus 180, 187.
— Caracasensis 191.
— Caripensis 172.
— castaneus 175.
— Cuhcartiae 170, 175.
— cinnamomolineatus 179.
— coloratus 170, 174.
— constrictus 178, 179.
— convexus 182.
— correctus 181, 182.
— Costaricensis 185.
— Curianensis 181, 182.

Bulimus dealbatus 178.
— debilis 180, 186.
— decoratus 182.
— demotus 180, 187.
— depictus 180, 183.
— Deshayesii 180, 184.
— distortus 170, 175.
— euryomphalus 170, 176.
— exilis 177, 178.
— flavidus 180, 185.
— fragilis 181.
— Funcki 170, 172.
— fulminans 170, 173.
— glaber 176.
— glaucostomus 180, 181.
— gracilis 183.
— Granadensis 183.
— Guadelupensis 177, 178.
— haemastomus 171.
— incarnatus 180, 187.
— Knorri 181.
— Lamarckianus 175.
— liliaceus 185.
— Lindeni 172.
— litus 179.
— Loveni 170, 171.
— marmoratus 170, 171.
— membranaceus 180, 186.
— Menkei 180, 184.
— Meridanus 180, 184.
— Midas 170, 177.
— Moritzianus 170, 172
— multilineatus 181.
— oblongus 170, 171.
— octonoides 192.
— orthodoxus 179.
— otostomus 170, 177.
— pallidior 178.
— papyraceus 179.
— pardalis 170, 171, 172.
— perdix 170, 177.
— pervariabilis 183.
— phlogerus 190.
— plumbeus 170, 172.
— primula 184.
— regina 190.
— roseatus 180, 186.
— sinuatus 170, 176.
— speciosus 173.
— sporadicus 178.
— sabula 192.
— superbus 172.
— trigonostomus 180, 181.
— tristis 183.

Bulimus undatus 188, 190.
— Venezuelensis 174.
— Vincentinus 181.
— virginalis 180, 181.
— virgo 181.
— virgulatus 180, 184.
— zebra 188, 190.
Carocolla Hydiana 168.
Chondropoma plicatulum 160.
— Venezuelense 160.
Cistula Tamsiana 160.
Clausilia Dohrni 193.
— perarata 193.
Corbicula cuneata 211.
— incrassata 211.
Cyclas Bahiensis 212.
— maculata 212.
— modioliformis 212.
— Venezuelensis 212.
Cyclostoma inconspicuum 159.
— plicatulum 160.
— Popayanum 159.
— stramineum 160.
— translucidum 160.
Cyclotus glaucostomus 160.
— Popayanus 159.
— psilomitus 160.
— stramineus 159, 160.
— translucidus 159, 160.
Cylindrella Haudeyana 192.
Cyrena anomala 211. Anmerkung
— arctata 211.
— cuneata 211.
Dreptus 171.
Eupera 212.
Glandina lignaria 164.
— plicatula 164.
— subvaricosa 164.
Helicina Candeana 161, 163.
— Columbiana 161, 162.
var. Apponi 162.
— concentrica 161.
— var. Ernesti 161
— crassilabris 161, 163.
— gonochila 161, 162.
— Kieneri 161, 162.
— Tamsiana 161, 162
Helix bifurcata 167, 168.
— Binneyana 167.
— comboides var. edentula 16}, (
— cornu-arietis 204.
— cuspira 167.
— glauca 204.
— Guildingi 167.

Helix labyrinthus 168.
— leucodon 167, 169.
— liliacea var. flavescens 185.
— oblonga 171.
— plicata 167, 168,
quadridentata 169.
Tamsiana 167, 169.
— undata 188.
Hemisinus lineolatus 207.
— Venezuelensis 207
Hyalina euspira 167.
Hydrobia affinis 209.
— Australis 209.
— coronata 208.
— Ernesti 209.
— stagnalis 209.
Hyria avicularis 210.
— humilis 211.
— syrmatophora 210.
Iphigenia Brasiliensis 213.
Labyrinthus 168.
— otis 168.
Limosina 212.
— maculata 212.
Melampus flavus 213.
— pusillus 213.
Melania atra 206, 207.
— brevior 207.
— chloris 208.
— Gruneri 206, 207.
— Indorum 207.
— laevissima 206.
— Lamarckiana 207.
— lineolata 206, 207.
— Sallei 206.
— spinifera 208.
— truncata 207.
— Venezuelensis 206, 207.
Mya syrmatophora 210.
Nerita effusa 204.
— ureeus 204.
Neritina virginea 213.
— zebra 210.
Omalonyx patera 191.

Omalonyx unguis 193, 194.
Orthalicus Bensoni 190.
— Ferussaci 188.
isabellinus 190.
— Maracaibensis 188,
— melanochilus 191.
— obductus 188, 189.
— phlogerus 190.
— regina 190.
— undatus 188.
— varius 188, 190.
— zebra 191.
Otostomus 179.
— cacticolus 180, 187.
— debilis 180, 186.
— demotus 180, 187.
— depictus 180, 183.
— — var. ictericus 180, 183.
— Deshayesii 180, 184.
— fluvidus 180, 185.
— glaucostomus 180, 181.
— incarnatus 180, 187.
— membranaceus 180, 186.
— Menkei 180, 184.
— Meridanus 180, 184.
— roseanus 180, 186.
— trigonostomus 180, 181.
— virginalis 180, 184.
— virgulatus 180, 184.
Paludina cisternicola 208.
— coronata 208.
— crystallina 208.
— Jamaicensis 208.
— ornata 208.
Paludestrina affinis 209.
— Candeana 208.
Pelecychilus 175.
Physa Antonii 199.
— Jamaicensis 199.
— rivalis 199.
— Sowerbyana 199.
— striata 199.
— Venezuelensis 199.
Planorbis andecolus 199.

Planorbis cimex 195, 198.
— contrarius 205.
— cornu-arietis 205.
— cultratus 195, 197.
— depressissimus 197.
— Guadelupensis 195.
— Lanierianus 198.
— lucidus 195, 198.
— lugubris 195, 196.
— Macnabianus 198.
— montanus 197, 199.
— pronus 195, 198.
— Redtieldi 198.
— stramineus 195, 196.
— striatulus 195.
— tenuissimus 197.
— xerampelinus 195.
Prisodon 210.
Proserpina Swifti 163.
Solaropsis 169.
Stenogyra micra 191.
— octona 191.
— octonoides 191, 192
— subula 191, 192.
Stenopus Guildingi 166.
— lividus 167.
Streptaxis Candeanus 165.
— conoideus 165, 166.
— deformis 165.
— glaber 165.
— Funcki 165.
— suturalis 165.
Succinea Burmeisteri 194.
— Tamsiana 193.
— unguis 193.
Testacella Matheroni 193.
Tomigerus Venezuelensis 177.
Tornatellina Funcki 192.
— perforata 192.
Unio syrmatophorus 210.
Vaginulus 163.
Zonites Guildingi 167.

Erklärung der Abbildungen.

Tafel I.

Fig. 1. Helicina Colombiana Phil. var. Apponi n. von Puerto Cabello. S. 162.
- 2. — concentrica Pfr. var. Ernesti n. von Caracas, S. 161.
- 3. Chondropoma plicatulum Pfr. von Puerto Cabello, S. 160.
- 4 a. b. Orthalicus varius n. von Angostura, S. 190.
- 5. Otostomus virginalis Pfr. von Caracas, S. 181.
- 6. Orthalicus Ferussaei Martens von Caracas, S. 188.
- 7. — Maracaibensis Pfr. von Maracaibo. Originalexemplar aus der Albers'schen Sammlung. S. 188.
- 8. — isabellinus n. aus Peru, S. 190.
- 9—13. Otostomus trigonostomus Pfr., 9, 10 und 12 von Puerto Cabello. 11, 13 von Caracas, S. 181.
- 14. — flavidus Menke aus Caracas, S. 185.
- 15—19. — depictus Reeve. 15, 18 und 19 von Jali bei Merida, 16 und 17 var. ictericus n. von Caracas, S. 183.
- 20, 21. Ampullaria lineostoma Swains. von Puerto Cabello, S. 203.

Tafel II.

Fig. 1. Succinea Tamsiana Pfr. *a* von vorn, *b* von hinten. S. 193.
- 2. Streptaxis conoideus Pfr. von Caracas. *a* von der Seite, *b* von unten. S. 166.
- 3. — saturalis Martens aus Neu-Granada. Seitenansicht. S. 165.
- 4. Stenopus lividus Guilding aus Venezuela. *a* Seitenansicht, *b* von unten. S. 167.
- 5. Planorbis pronus n. aus dem See von Valencia, zwei unter sich abweichende Exemplare in je drei Ansichten, *a* und *d* von oben, *b* und *e* von unten, *c* und *f* im Profil. S. 198.
- 6. Planorbis stramineus Dkr. von Caracas, S. 196
- 7. — Guadelupensis Sow. von Caracas, S. 195
- 8. — lugubris Wagner von Caracas, S. 196 *a* von oben, *b* von unten, *c* im Profil.
- 9. — Bahiensis Dkr. von Rio Janeiro, S. 196
- 10. — cultratus Orb. von Caracas, *a* von oben, *b* im Profil. S. 197.
- 11. Physa Venezuelensis Martens von Lagunilla, *a* von vorn, *b* Rückenansicht. S. 199.
- 12. Hydrobia Ernesti n. aus der Schneckenerde des Sees von Valencia. S. 209.
- 13. — coronata Pfr. *a* und *b* zwei unter sich abweichende Exemplare aus Venezuela, *c* die Mittelplatte, *d* die Zwischenplatte, *e* die innere, *f* die äussere Seitenplatte der Zunge, *g* und *h* Embryonalschale von unten und von oben. S. 208.
- 14. Cyclas (Limosina) Bahiensis Spix von Caracas, *a* von aussen, links, *b* rechte Schale von innen, *c* linke Schale von innen, *d* beide Schalen von oben. Vergrössert. S. 212.
- 15. Orthalicus obductus Shuttl. von Puerto Cabello. *a* Kiefer, *b* Zunge, *c* Mittelzahn, *d* ein Seitenzahn von oben, *e* derselbe im Profil. S. 189.
- 16. Bulimus Blainvilleanus Pfr. *a* Kiefer, *b* Zunge, *c* Mittelzahn, *d* Nebenzahn, *e* und *f* Randzähne mit Ueberwucherung der Spitzen. Nach einem noch nicht vollständig erwachsenen Exemplar. S. 173. 174.
- 17. Bulimulus constrictus Pfr. *a* Kiefer, *b* Zunge, *c* Mittelzahn, *d* zwanzigster Seitenzahn. S. 178. 179.
- 18. Otostomus trigonostomus Jonas. *a* ein Stück des Kiefers mit vier Falten, *b* Mittelzahn, *c* Nebenzahn. S. 182.
- 19. — convexus Pfr. *a* Kiefer, *b* Zunge, *c* Mittelzahn, *d* und *e* Seitenzähne. S. 182.
- 20. — flavidus Menke. Mittelzahn. S. 185.
- 21. — virginalis Pfr. *a* Kiefer, *b* Zunge, *c* Mittelzahn, *d* Nebenzahn, *e* dreissigster Seitenzahn, *f* Profilansicht eines Seitenzahns. S. 185.

Die Figuren 13 c—13 h sind nach Skizzen von Prof. Troschel, die Figuren 15—21 nach Zeichnungen von Hrn. G. Schako ausgeführt. In dem letzteren ist die Zunge, *b*, stets um das Doppelte der Lineardurchmesser vergrössert, der Kiefer, *a*, mehr, die Zähne, *c—f* noch weit mehr vergrössert. Die absolute Grösse derselben ist im Text angegeben.

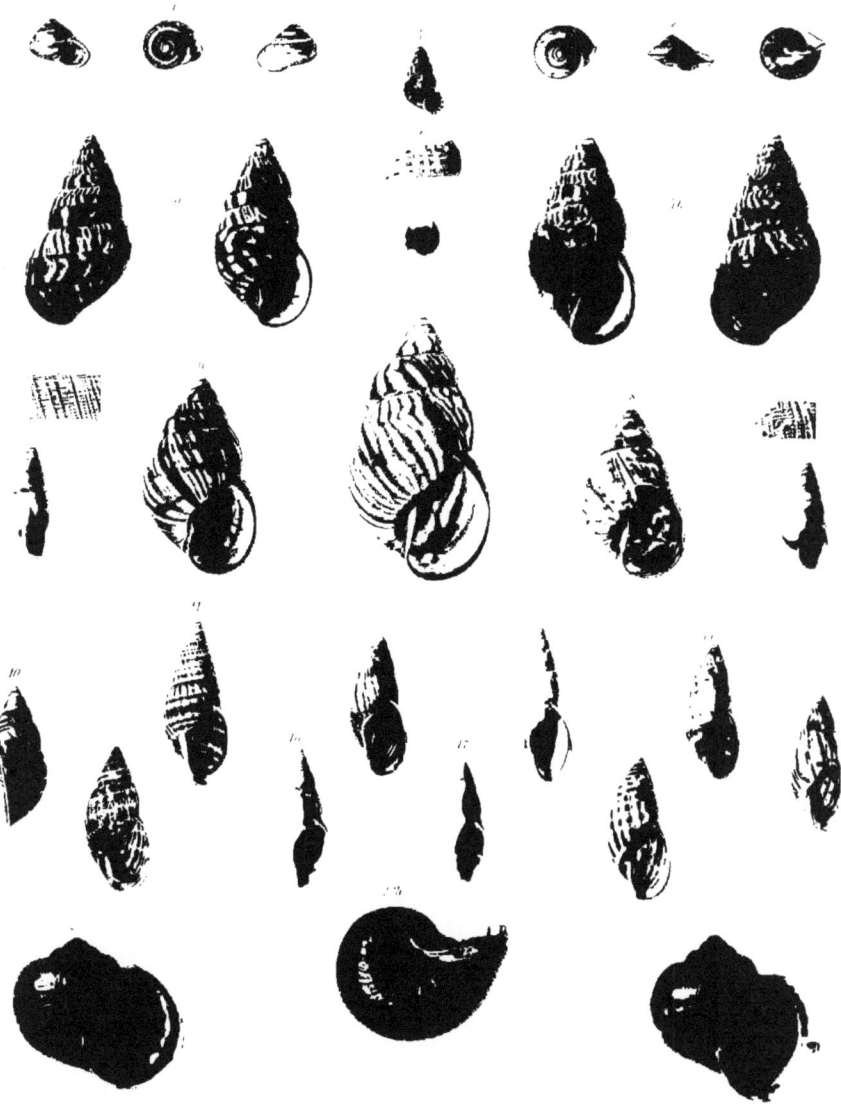

E. v. Martens, Die Binnenmollusken Venezuelas. Taf. II